LETTRES-PATENTES
DU ROI,

SUR le Décret de l'Assemblée Nationale,
concernant la Municipalité de Paris.

Du 27 Juin 1790.

Louis, par la grace de Dieu, & par la Loi constitutionnelle de l'Etat, *Roi des François* : A tous pré
sens & à venir; Salut. L'Assemblée Nationale a décrété,
les 3, 6, 7, 10, 14, 15, 19 & 21 Mai 1790,
& Nous voulons & ordonnons ce qui suit :

TITRE PREMIER.

ARTICLE PREMIER.

L'ANCIENNE Municipalité de la Ville de Paris,
& tous les Offices qui en dépendoient; la Municipalité provisoire, subsistante à l'Hôtel-de-Ville, ou
dans les Sections de la Capitale, connues aujourd'hui sous le nom de Districts, sont supprimées &
abolies, & néanmoins la Municipalité provisoire,
& les autres personnes en exercice, continueront
leurs fonctions jusqu'à leur remplacement.

II. Les finances des Offices supprimés seront liquidées & remboursées; savoir, des deniers communs
de la Ville, s'il est justifié que ces finances ayent été
versées dans sa caisse; & par le trésor public, s'il est
justifié qu'elles ayent été payées au Roi.

A

III. La Commune ou la Municipalité de Paris sera renfermée dans l'enceinte des nouveaux murs : mais les boulevards que l'on construit en dehors de ces murs, seront soumis à l'Administration municipale.

IV. Les Décrets rendus par l'Assemblée Nationale, le 14 Décembre & postérieurement, concernant les Municipalités, seront exécutés dans la Ville de Paris, à l'exception des dispositions auxquelles il aura été dérogé par les articles suivans ; & les articles de ces Décrets contenant les dispositions auxquelles il n'aura pas été dérogé, seront rapportés à la fin du présent Règlement, & en feront partie.

V. La Municipalité sera composée d'un Maire, de seize Administrateurs, dont les fonctions seront déterminées au titre second ; de trente-deux Membres du Conseil, de quatre-vingt-seize Notables, d'un Procureur de la Commune, de deux Substituts, qui seront ses Adjoints, & exerceront ses fonctions à son défaut.

VI. La Ville de Paris sera divisée, par rapport à sa Municipalité, en quarante-huit parties, sous le nom de *Sections*, qu'on tâchera d'égaliser, autant qu'il sera possible, relativement au nombre des Citoyens actifs.

VII. Ces quarante-huit Sections ne pourront être regardées que comme des Sections de la Commune.

VIII. Elles formeront autant d'Assemblées primaires , lorfqu'il s'agira de choifir les Electeurs qui devront concourir à la nomination des Membres de l'Adminiftration du Département de Paris , ou à la nomination des Députés que ce Département doit envoyer à l'Affemblée Nationale.

IX. Les Citoyens actifs ne pourront fe raffembler par métiers , profeffions ou corporations , ni fe faire repréfenter ; ils fe réuniront fans aucune diftinction , & ne pourront donner leurs voix que dans la Section dont ils feront partie à l'époque des élections.

X. Si une Section offre plus de 900 Citoyens actifs préfens , elle fe formera en deux Affemblées , qui nommeront chacune leurs Officiers , mais qui , après avoir dépouillé féparément le fcrutin de l'une & de l'autre divifion , fe réuniront par Commiffaires , pour n'envoyer qu'un réfultat à l'Hôtel de-Ville.

XI. Les Affemblées des quarante-huit Sections feront indiquées pour le même jour & à la même heure. On ne s'y occupera d'aucune autre affaire que des élections & des preftations du ferment civique. Ces Affemblées fe continueront auffi à la même heure , les jours fuivans , fans interruption ; mais un fcrutin commencé fe terminera fans défemparer.

XII. Les quarante-huit Sections fe conformeront aux articles du Décret fur les Affemblées adminiftratives , concernant les qualités neceffaires pour exercer les droits de Citoyen actif , & pour être éligible.

XIII. Les parens & alliés au degré de père & de fils, de beau-père & de gendre, de frère & de beau-frère, d'oncle & de neveu, ne pourront en même-temps être Membres du Corps municipal : s'ils ont été nommés dans le même scrutin, celui qui aura le plus grand nombre de voix demeurera élu ; &, en cas d'égalité de voix, on préférera le plus âgé : s'ils n'ont pas été élus dans le même scrutin, l'élection du dernier ne sera point comptée ; & si celui-ci a été nommé au troisième tour de scrutin, il sera remplacé par le Citoyen qui, dans ce même tour, avoit le plus de voix après lui.

XIV. L'élection des deux Substituts du Procureur de la Commune se fera au scrutin, dans la forme qui sera déterminée au titre suivant.

XV. Pour l'élection du Maire & du Procureur de la Commune, chacune des quarante-huit Sections de l'Assemblée générale des Citoyens actifs fera parvenir à l'Hôtel-de-Ville le recensement de son scrutin particulier : ce recensement contiendra la mention du nombre des votans dont l'Assemblée aura été composée, & celle du nombre de suffrages que chaque candidat aura réunis en sa faveur ; le résultat de tous ces recensemens sera formé à l'Hôtel-de-Ville.

XVI. Les scrutins des diverses Sections seront recensés à l'Hôtel-de-Ville le plus promptement qu'il sera possible ; en sorte que les scrutins ultérieurs, s'ils se trouvent néceffaires, puiffent commencer dès le lendemain.

XVII. Chacune des quarante huit Sections enverra à l'Hôtel-de-Ville un Commiffaire pour affifter au recenfement des divers fcrutins.

XVIII. La nomination des quarante huit Membres du Corps Municipal & des quatre vingt-feize Notables fe fera toujours au fcrutin ; mais la population de Paris exigeant une forme de fcrutin particulière, cette forme fera déterminée dans le Titre fuivant.

XIX. Après les élections, les citoyens actifs ne pourront ni refter affemblés, ni s'affembler de nouveau en Corps de Commune, fans une convocation ordonnée par le Corps Municipal, lequel ne pourra la refufer dans les cas qui feront déterminés au Titre IV.

XX. Les quatre-vingt-feize Notables formeront, avec le Maire & les quarante huit Membres du Corps Municipal, le Confeil général de la Commune, lequel fera appelé pour les affaires importantes, conformément à l'article LIV du Décret du 14 Décembre, & de plus dans les cas que fixeront les articles fuivans.

XXI. La Municipalité de Paris aura un Secrétaire-Greffier, un Tréforier, & deux Secrétaires-Greffiers-Adjoints, un Garde des archives & un Bibliothécaire, qui prêteront ferment de remplir fidèlement leurs fonctions. Le Conseil général de la Commune les nommera dans la forme qui sera déterminée au Titre II ; & chacun d'eux, après avoir été entendu, pourra être changé, lorsque le Conseil général, convoqué à cet effet, l'aura jugé convenable, à la majorité des voix.

XXII. Le Corps Municipal sera divisé en Conseil & en Bureau : le Titre suivant déterminera le nombre des Départemens du Bureau, qui pourra varier lorsque les circonstances l'exigeront.

XXIII. Le Maire & les seize Administrateurs composeront le Bureau.

XXIV. Les trente-deux autres Membres composeront le Conseil Municipal.

XXV. Le Conseil général de la Commune élira, à la pluralité absolue des voix & au scrutin individuel, les seize Administrateurs parmi les quarante - huit Membres du Corps Municipal, non compris le Maire; l'élection se terminera au troisième tour de scrutin en cette occasion, ainsi que dans toutes les autres.

XXXVI. L'Assemblée pour les élections des seize Administrateurs, se tiendra le surlendemain de la proclamation du Maire & des quarante - huit autres Membres du Corps Municipal, & cette élection se fera dans l'ordre qui sera prescrit au Titre III.

XXVII. Le Conseil Municipal s'assemblera au moins

une fois tous les quinze jours, & commencera par vérifier les comptes des divers Départemens du Bureau, lorfqu'il y aura lieu. Les Membres du Bureau auront voix délibérative avec ceux du Confeil, excepté lorfqu'il s'agira des comptes de l'un des Départemens.

XXVIII. Le Corps Municipal s'affemblera extraordinairement lorfque les circonftances l'exigeront, & que la convocation fera demandée, foit par le Maire feul, foit par la majorité des Adminiftrateurs, foit par la moitié des Membres du Confeil; &, dans tous les cas, la convocation fera faite par le Maire.

XXIX. Outre le droit de convoquer le Corps Municipal, le Maire aura encore celui de convoquer le Confeil général de la Commune lorfqu'il le jugera néceffaire.

XXX. Le Corps Municipal nommera, parmi les Membres du Confeil, un vice-Préfident qui n'aura d'autres fonctions que de tenir les Affemblées du Corps Municipal ou du Confeil général de la Commune en l'abfence du Maire; &, en cas d'abfence du Maire & du vice-Préfident, le doyen d'âge des Membres préfens préfidera les Affemblées.

XXXI. La préfence des deux tiers au moins des Membres du Confeil fera néceffaire pour recevoir les comptes de la geftion du Maire & des Adminiftrateurs, du maniement des deniers du Tréforier; &

la préfence au moins de la moitié, plus un, des Membres du Corps Municipal fera néceffaire pour prendre les autres délibérations. Mais fi, dans un cas urgent, on ne pouvoit raffembler la moitié, plus un, des Membres du Corps Municipal, on y appelleroit des Notables, felon l'ordre de leur élection.

XXXII. Les convocations du Confeil général de la Commune feront faites au nom du Maire & du Corps Municipal.

XXXIII. Les Membres du Confeil général de la Commune, réunis au nombre de quarante-huit au moins, pourront requérir la convocation de ce Confeil, lorfqu'ils la croiront néceffaire, & le Corps Municipal ni le Maire ne pourront s'y refufer.

XXXIV. Lors du renouvellement annuel, les Officiers Municipaux & les Notables fortiront au nombre de foixante-douze, déduction faite de celui des morts ; de manière qu'on ait à remplacer la moitié des Adminiftrateurs, la moitié des Membres du Confeil, & la moitié des Notables.

XXXV. Les Subftituts du Procureur de la Commune refteront en place deux ans, & pourront être réélus pour deux autres années. Ils ne pourront l'être dans les élections fuivantes, pour les mêmes places, qu'après l'expiration de deux années.

XXXVI. Le Procureur de la Commune & fes Subftituts fortiront de place alternativement, le Procureur une année , & les Subſtituts une autre année.

XXXVII. L'année de la ſortie du Procureur de la Commune ne ſera pas la même que celle de la ſortie du Maire : à cet effet, ſi le Procureur de la Commune , nommé à la première élection , n'eſt pas réélu, il n'exercera que pendant un an , non compris le temps qui s'écoulera avant celui de l'époque fixe des élections ordinaires.

XXXVIII. Les Membres du Corps Municipal , ceux du Conſeil général , le Procureur de la Commune & ſes Subſtituts ne pourront être révoqués ; mais ils pourront être deſtitués pour forfaiture jugée.

XXXIX. Les places de Maire , de Procureur de la Commune & de ſes Subſtituts , de Membres du Corps Municipal ou du Conſeil général , de Secré-taire Greffier , de Tréſorier , de Garde des archives , de Bibliothécaire & d'Adjoints du Secrétaire-Greffier ſeront incompatibles ; en conſéquence ceux qui étant pourvus d'une de ces places, ſeront élus à une au-tre , ſeront tenus d'opter.

XL. Les Membres du Corps Municipal , durant leur exercice, ne pourront être Membres de l'Ad-miniſtration du Département de Paris ; & s'ils ſont élus Membres de cette Adminiſtration , ils feront tenus d'opter.

XLI. En cas de vacance de la place de Maire , par mort , ou par une cauſe quelconque autre que la démission, le Corps Municipal sera tenu, dans le délai de trois jours, de convoquer les quarante-huit Sections pour procéder au remplacement. Mais si l'époque de l'élection ordinaire ne se trouve éloignée que de deux mois, le Conseil général de la Commune nommera un des Officiers Municipaux pour remplir les fonctions de Maire par *interim*.

XLII. En cas de vacance de la place de Maire par démission, le Corps Municipal sera tenu, dans le délai de trois jours, de convoquer les quarante-huit Sections pour procéder au remplacement.

XLIII. Si la place de Procureur de la Commune vient à vaquer à une époque éloignée de moins de six mois de l'élection ordinaire, le premier des Substituts en fera les fonctions ; si elle vaque à une époque éloignée de plus de six mois de l'élection ordinaire, on procédera à une nouvelle élection, ainsi que dans le pénultième article.

XLIV. Si la place de l'un des Substituts vient à vaquer, on ne la remplira qu'à l'époque des élections.

XLV. Si les places des deux Substituts viennent à vaquer, on ne les remplira que dans le cas où l'époque des élections seroit éloignée de plus de deux mois. Ce cas excepté, le Conseil général pourra commettre une ou deux personnes chargées d'en exercer provisoirement les fonctions.

XLVI. En cas d'absence ou de maladie de l'un des Administrateurs, ses fonctions seront remplies

par un de ſes collègues, attaché au même Départe-
tement.

XLVII. Les places de Notables qui viendront à vaquer, ne ſeront remplies qu'à l'époque de l'élection
annuelle pour les renouvellemens ordinaires.

XLVIII. Les Notables prêteront, après leur nomination, le ſerment ordonné par l'article XLVIII du
Décret du 14 Décembre.

XLIX. La Municipalité ne pourra, ſous peine de
nullité de ſes actes, s'approprier les fonctions attribuées
par la Conſtitution, ou par les Décrets des Aſſemblées
légiſlatives, à l'Adminiſtration du Département de
Paris.

L. Elle aura deux eſpèces de fonctions à remplir :
les unes, propres au pouvoir municipal ; les autres
propres à l'Adminiſtration générale de l'Etat, qui les
délègue aux Municipalités.

LI. Les fonctions propres au pouvoir municipal,
qu'elle exercera ſous la ſurveillance & l'inſpection de
l'Adminiſtration du Département de Paris, ſeront :

1°. De régir les biens & revenus communs de la
Ville.

2°. De régler & d'acquitter les dépenſes locales qui
doivent être payées des deniers communs.

3°. De diriger & faire exécuter les travaux publics
qui ſont à la charge de la Ville.

4°. D'adminiſtrer les établiſſemens appartenans à
la Commune, ou entretenus de ſes deniers.

5°. D'ordonner tout ce qui a rapport à la voierie.

6°. De faire jouir les habitans des avantages d'une bonne police, notamment de la propreté, de la falubrité, de la sûreté & de la tranquillité dans les rues, lieux & édifices publics.

LII. Parmi les fonctions propres à l'Adminiftration générale, la Municipalité de la Capitale pourra avoir, par délégation & fous l'autorité de l'Adminiftration du Département de Paris :

1°. La direction de tous les travaux publics, dans le Reffort de la Municipalité, qui ne feront pas à la charge de la Ville.

2°. La direction des établiffemens publics qui n'appartiennent pas à la Commune, ou qui ne font pas entretenus de fes deniers.

3°. La furveillance & l'agence néceffaires à la confervation des propriétés nationales.

4°. L'infpection directe des travaux de réparation ou reconftruction des églifes, presbytères & autres objets relatifs au fervice du culte.

LIII. Les fonctions propres au pouvoir municipal, & celles que la Municipalité exercera par délégation, feront divifées en plufieurs Départemens qu'indiquera provifoirement le Titre III.

LIV. Il y aura toujours une force militaire en activité, fous le nom de *Garde Nationale Parifienne*. La Municipalité, pour l'exercice de fes fonctions propres ou déléguées, pourra non feulement employer cette force conformément au Décret qui interviendra sur l'organisation des Gardes Nationales du Royaume, mais requérir le secours des autres forces publiques, ainsi que le réglera la Constitution.

LV. L'exercice du contentieux de la police, des subsistances, approvisionnemens & autres objets de la Municipalité, sera réglé par la suite.

LVI. Les Délibérations & Arrêtés sur les objets mentionnés en l'article 54 du Décret du 14 Décembre, qui n'émaneront pas du Conseil général assemblé, seront nuls, & ne pourront être exécutés.

LVII. La Municipalité sera entièrement subordonnée à l'Administration du Département de Paris pour ce qui concerne les fonctions qu'elle aura à exercer par délégation de l'Administration générale.

LVIII. Quant à l'exercice des fonctions propres au pouvoir municipal, toutes les délibérations pour lesquelles la convocation du Conseil général de la Commune est nécessaire, ne pourront être exécutées qu'avec l'approbation de l'Administration ou du Directoire du Département de Paris.

LIX. Tous les comptes de la Régie, du Maire & des Administrateurs, après avoir été reçus par le Conseil Municipal, & vérifiés tous les six mois par le Conseil général, seront définitivement arrêtés par l'Administration ou le Directoire du Département de Paris.

LX. Les Citoyens actifs ont le droit de se réunir

paifiblemen t & fans armes en Affemblées particulières, pour rédige r des *Adreffes & Pétitions*, foit au Corps Municipal , foit à l'Adminiftration du Département de Paris , foit au Corps légiflatif, foit au Roi, fous la condition de donner aux Officiers Municipaux connoiffance du temps & du lieu de ces Affemblées, & de ne pouvoir députer que vingt Citoyens actifs pour apporter & préfenter les *Adreffes & Pétitions.*

TITRE II.

ARTICLE PREMIER.

L'Affemblée de chacune des quarante-huit Sections commencera par l'appel nominal des Citoyens actifs, d'après les titres qu'ils auront préfentés en entrant.

II. S'il s'élève des difficultés fur l'admiffion d'un Citoyen , fa Section en jugera : un Citoyen exclus par le jugement de fa Section , fera tenu de s'éloigner, fauf à faire reconnoître fes titres pour les élections fuivantes , par l'Adminiftration du Département, à qui la connoiffance définitive en demeure attribuée.

III. Les Citoyens actifs défigneront les perfonnes dans leurs bulletins , de manière à éviter toute équivoque; & un bulletin fera rejeté , fi, faute de défignation fuffifante entre le père & le fils , entre les frères & autres perfonnes de même nom , l'Affemblée juge qu'il y a incertitude fur les perfonnes défignées.

IV. Le recenfement général à l'Hôtel de-Ville, des fcrutins des quarante huit Sections, fera fait par huit Citoyens tirés au fort, dont quatre feront pris parmi les Membres du Corps Municipal, & quatre parmi les Commiffaires des diverfes Sections.

V. Après l'élection du Maire & du Procureur de la Commune, dont la forme eft déterminée au Titre premier, les deux Subftituts-Adjoints feront élus par les quarante-huit Sections au fcrutin de lifte fimple, mais enfemble & à la pluralité relative, laquelle fera au moins du quart des votans.

VI. Si le premier fcrutin ne donne à perfonne la pluralité du quart des fuffrages, on procédera à un fecond, dans lequel chacun écrira encore deux noms fur fon bulletin.

VII. Si aucun Citoyen n'obtient la pluralité du quart des fuffrages, on procédera à un troifième & dernier fcrutin : dans ce dernier fcrutin, on ne pourra choifir que parmi les quatre perfonnes qui auront eu le plus de voix au fcrutin précédent ; on écrira deux noms fur les bulletins ; & les deux Citoyens qui obtiendront le plus de fuffrages, feront nommés Subftituts du Procureur de la Commune.

VIII. Si au premier fcrutin un des Citoyens a obtenu la pluralité du quart des fuffrages, & accepté, on n'écrira plus qu'un nom au fecond fcrutin ; & au troifième, on choifira entre les deux Citoyens qui auront eu le plus de voix.

IX. Lors de la première formation de la Municipalité, chacune des quarante-huit Sections élira parmi les Citoyens éligibles de fa Section feulement, trois Membres deftinés à faire partie du Corps Mucipal, ou du Confeil général de la Commune.

X. L'élection fe fera au fcrutin individuel & à la pluralité abfolue des fuffrages.

XI. Si au premier fcrutin la pluralité abfolue n'eft pas acquife, il fera procédé à un fecond : fi le fecond fcrutin ne fournit pas non plus la pluralité abfolue, il fera procédé à un troifième, entre les deux Citoyens feulement qui auront eu le plus de voix au fecond.

XII. En cas d'égalité de fuffrages au fecond & au troifième fcrutin, entre plufieurs Citoyens ayant le nombre de voix exigé, la préférence fera accordée à l'âge.

XIII. Les nominations étant faites dans les quarante-huit Sections, il fera envoyé par chacune d'elles à l'Hôtel-de Ville un extrait du Procès-verbal, contenant les noms des trois Citoyens élus.

XIV. Il fera dreffé une lifte des cent quarante-quatre Citoyens ainfi nommés; cette lifte défignant leurs demeures & qualités, fera imprimée, affichée, & envoyée dans les quarante huit Sections.

XV. Les Sections feront tenues de s'affembler le lendemain de cet envoi, & elles procéderont à la lecture de la lifte imprimée, à l'effet d'accepter la nomination

des

es Citoyens qui y feront compris, ou de s'y refufer : on recueillera les voix par affis & levé, &
ans aucune difcuffion, fur chacune des 144 perfonnes
comprifes dans la lifte : mais une Section individuelle
ne foumettra point à cette épreuve les trois qu'elle
aura nommés.

XVI. Les réfultats de la préfentation de la lifte
dans chaque Section feront envoyés à l'Hôtel-de-
Ville ; & les Citoyens qui n'auront pas été acceptés
par la moitié des Sections plus une, feront retranchés de la lifte, fans autre information.

XVII. Les Sections refpectives procéderont, dès
le lendemain de l'avis qui leur en aura été donné
par le Corps Municipal, au remplacement des Membres retranchés de la première lifte.

XVIII. Les noms des Citoyens ainfi élus en remplacement, feront envoyés dans les Sections pour y
être acceptés ou refufés dans le jour, de la même
manière que les premiers.

XIX. La lifte des cent quarante-quatre élus étant
définitivement arrêtée, les quarante-huit Sections procéderont de la manière fuivante à l'élection des quarante-huit Membres du Corps Municipal.

XX. Le fcrutin fe fera en chaque Section par bulletin de lifte de dix noms choifis parmi ceux de la lifte
imprimée.

XXI. Les bulletins qui contiendront plus ou moins

B

de dix noms, ou des noms qui ne feroient pas compris dans la lifte imprimée, feront rejetés.

XXII. Le réfultat du fcrutin de chaque Section fera envoyé à l'Hôtel-de-Ville ; & ceux qui, après le recenfement général, fe trouveront avoir la pluralité du quart des fuffrages, feront membres du Corps Municipal.

XXIII. Pour compléter le nombre des quarante-huit Membres du Corps Municipal, comme aufli dans le cas où aucun Citoyen n'auroit eu une pluralité relative du quart des fuffrages, il fera procédé dans les quarante-huit Sections à un fecond fcrutin.

XXIV. Ce fcrutin fera fait, ainfi que le précédent, par bulletins de lifte de dix noms choifis parmi les noms de la lifte imprimée, moins ceux qui fe trouveront élus par le précédent fcrutin.

XXV. Tous ceux qui, par l'événement de ce fecond fcrutin, réuniront une pluralité relative du quart des fuffrages, feront membres du Corps Municipal.

XXVI. Si le nombre des quarante-huit Membres n'eft pas rempli, ou fi le fecond fcrutin n'a donné à perfonne la pluralité du quart des fuffrages, il fera procédé dans les quarante-huit Sections à un dernier fcrutin.

XXVII. Ce dernier fcrutin fera fait également par

lifte de dix noms choifis parmi les noms de la lifte imprimée, moins ceux qui auront été élus.

XXVIII. La fimple pluralité des fuffrages fera fuffifante à ce dernier fcrutin ; & ceux qui, par le recenfement général, l'auront obtenue, feront membres du Corps Municipal, jufqu'à concurrence des quarante-huit Membres dont il doit être formé.

XXIX. En cas de refus d'un ou de plufieurs Citoyens élus aux deux premiers fcrutins, il en fera ufé comme s'ils n'avoient pas eu la pluralité requife pour l'élection, & leurs noms ne concourront pas dans les fcrutins fuivans.

XXX. Si un ou plufieurs Citoyens élus au dernier fcrutin ne veulent point accepter, ils feront remplacés par ceux qui fuivront dans l'ordre des voix ou de l'âge.

XXXI. Les Citoyens compris fur la lifte imprimée, qui n'auront pas été élus membres du Corps Municipal, ou qui auront refufé, refteront membres du Confeil général, en qualité de Notables.

XXXII. Dans les fcrutins pour l'élection des feize Adminiftrateurs dont il eft parlé à l'article XXV du Titre premier, on commencera par nommer les Adminiftrateurs au Département des Subfiftances ; on paffera enfuite à l'élection des Adminiftrateurs au Département de la Police, & ainfi fucceffivement, jufqu'à l'élection des Adminiftrateurs au Département des Travaux Publics, conformément à la division qui sera indiquée au Titre trois.

XXXIII. Le Secrétaire-Greffier, le Trésorier, les Adjoints du Secrétaire-Greffier, le Garde des archives & le Bibliothécaire, seront élus par le Conseil général de la Commune, parmi les Citoyens éligibles de Paris ; leur élection se fera au scrutin individuel & à la pluralité absolue des suffrages, mais sur chaque bulletin on écrira deux noms.

XXXIV. On suivra, pour ces divers scrutins, les règles établies aux articles XI & XII ci-dessus.

XXXV. Le Maire, Président de l'Assemblée, aura droit de suffrage pour les élections.

XXXVI. Les premières élections seront faites aussitôt que la division de la Ville de Paris en quarante-huit Sections sera' terminée.

XXXVII. Les Assemblées des quarante-huit Sections seront convoquées à cet · effet au nom du Maire en exercice, & de la Municipalité provisoire.

XXXVIII. Toutes les opérations attribuées au Corps Municipal, relativement aux élections, appartiendront, pour cette première fois, au Maire & aux soixante Administrateurs actuels.

XXXIX. L'Assemblée de chacune des quarante-huit Sections sera ouverte par un de ces Administrateurs, qui exposera l'objet de la convocation, & dont les fonctions cesseront après l'élection d'un Président & d'un Secrétaire.

XL. Les comptables actuels, soit de gestion, soit de finance, rendront leurs comptes définitifs au nouveau Corps Municipal; ces comptes seront revus & vérifiés par le Conseil-général.

XLI. Ils seront de plus imprimés; & tout Citoyen actif pourra en prendre communication, ainsi que des pièces justificatives, au Greffe de la Ville, sans déplacer & sans frais.

XLII. Le premier renouvellement des Membres du Corps Municipal, des Notables, ou autres personnes attachées à la Municipalité, se fera le Dimanche d'après la Saint-Martin 1791, & le sort déterminera ceux qui sortiront: on combinera les tirages de manière à ce qu'il sorte au moins une, & à ce qu'il ne sorte pas plus de deux des trois personnes nommées par chaque Section.

XLIII. Pour l'exécution de l'article XXXIV du Titre premier, les Sections, lors des renouvellemens annuels, nommeront alternativement un ou deux des soixante - douze Citoyens qui doivent entrer dans le Corps Municipal, ou le Conseil général de la Commune.

TITRE III.

ARTICLE PREMIER.

Le Maire sera le Chef de la Municipalité, Préfident du Bureau & du Corps Municipal, ainfi que du Confeil général de la Commune, & il aura voix délibérative dans toutes les Affemblées.

II. Il aura la furveillance & l'infpection de toutes les parties de l'Adminiftration confiées aux feize Adminiftrateurs.

III. Indépendamment des Affemblées que le Bureau tiendra trois fois par femaine, ainfi qu'il fera dit à l'art. XX, le Maire pourra convoquer les Adminif-trateurs toutes les fois qu'il le jugera convenable.

IV. Si les délibérations du Bureau, ou les ordres d'un Adminiftrateur ou d'un Département, lui pa-roiffent contraires au bien général, il pourra en fuf-pendre l'effet ; mais il fera tenu de le déclarer auffi-tôt, & de convoquer dans les 24 heures, felon la nature de l'affaire, ou le Bureau, ou le Corps Mu-nicipal, ou le Confeil-général de la Commune.

V. En cas d'égalité de fuffrages dans une délibéra-tion du Bureau, il aura la voix prépondérante ; mais ceux qui feront d'un avis contraire au fien, pourront porter l'affaire au Corps Municipal.

VI. Toutes les délibérations du Bureau, du Corps Municipal, ainfi que du Confeil-général de la Com-mune, feront munies de fa fignature ou de fon vifa : fi les ordres d'un Adminiftrateur ou d'un Département font deftinés à devenir publics, il y appofera également fon vifa ou fa fignature.

VII. Il appofera auffi fon vifa à tout mandat fur la Caiffe, donné par les Adminiftrateurs.

VIII. Le Maire aura le droit, toutes les fois qu'il le jugera convenable pour les intérêts de la Commune, de porter au Confeil-général, dont toutes les féances feront publiques, les délibérations du Corps Municipal.

IX. Il fera établi fous fa direction un Bureau de renvoi, dont la formation lui appartiendra.

X. Les requêtes ou mémoires adreffés à la Munici-palité, feront enregiftrés au Bureau de renvoi ; chaque Citoyen aura le droit d'exiger que l'enregiftrement foit fait en fa préfence, & de fe faire délivrer le numéro de l'enregiftrement.

XI. Le précis des réponfes, décifions ou délibéra-tions qui interviendront fur les requêtes ou mémoires ci deffus, fera noté à côté ou à la fuite de l'enregif-trement.

XII. Chaque délibération fera intitulée, felon fa nature, du nom du Maire & du Corps Municipal, ou du Confeil général de la Commune.

XIII. Les convocations ordonnées par le Corps Mu-nicipal & par le Confeil général, feront faites au nom du Maire & en celui du Corps ou Confeil qui les aura ordonnées.

XIV. Les brevets ou commiffions donnés par le Con-feil général, ou par le Corps Municipal, feront fignés par le Maire ; il ne pourra refuser son *visa* sur les nominations qui ne dépendront pas de lui.

XV. Il aura en sa garde les sceaux de la Ville, & les fera apposer, sans frais, à tous les actes où ils seront nécessaires.

XVI. La première place, dans les cérémonies publiques de la Ville, lui appartiendra ; il sera à la tête de toutes les députations : une délibération du Corps Municipal désignera les emplois dont il aura la présentation.

XVII. Le Conseil général de la Commune pourra donner les commissions qu'il jugera nécessaires, & déterminer les cas où les Employés seront tenus de fournir des cautions.

XVIII. Le travail du Bureau sera divisé en cinq Départemens, 1°. celui des Subsistances ; 2°. celui de la Police ; 3°. celui du Domaine & des Finances ; 4.° celui des Etablissemens publics de la Ville de Paris ; & enfin celui des Travaux Publics. Le Corps Municipal fixera les attributions & le nombre des Administrateurs de chacun de ces Départemens.

XIX. Le Bureau pourra concerter directement avec les Ministres du Roi les moyens de pourvoir aux subsistances & approvisionnmeens nécessaires à la Capitale.

XX. Il s'assemblera trois fois par semaine, & on y rapportera toutes les affaires, de manière que le Maire & chacun des Administrateurs puissent connoître

& éclairer les différentes parties de l'administration.

XXI. Les décisions du Bureau se prendront à la pluralité des voix, & le Greffier en tiendra registre.

XXII. Les Administrateurs se partageront les détails de leur Département respectif; mais aucun d'eux ne pourra donner un mandat sur la Caisse, sans le faire signer par un second Administrateur; précaution indépendante du visa du Maire, dont on a parlé à l'article VII.

XXIII. Tous ces mandats seront de plus enregistrés au Département du Domaine, qui enregistrera également toutes les dépenses arrêtées par le Corps Municipal, ou par le Conseil général de la Commune.

XXIV. Le Corps Municipal statuera sur les difficultés qui pourront s'élever entre les Départemens divers, touchant leurs fonctions & attributions respectives.

XXV. Les Règlemens particuliers, nécessaires pour l'exercice des fonctions des divers Départemens, & pour le régime des différentes parties de la Municipalité attribuées à chacun de ces Départemens, seront dressés par le Corps Municipal, & confirmés par le Conseil général de la Commune.

XXVI. En l'absence du Maire, chacun des Administrateurs présidera alternativement les Assemblées du Bureau.

XXVII. Les Administrateurs n'auront aucun maniement de deniers en recettes & en dépenses. Les dépenses seront acquittées par le Trésorier.

XXVIII. Les dépenses courantes de chaque Département feront ordonnées par les Administrateurs respectifs. Celles de la police, des subsistances, des établissemens & des travaux publics, feront contrôlées par le Département du Domaine. Celles du Département du Domaine feront contrôlées par le Maire, & inscrites dans un registre qui restera à la Mairie : les unes & les autres feront acquittées par le Trésorier. Les dépenses plus considérables, ou extraordinaires, feront ordonnées par le Corps Municipal, ou par le Conseil général, dans les cas qui lui devront être soumis : les mandats en feront délivrés, conformément aux délibérations, par les Administrateurs dont elles regarderont le Département ; elles feront aussi enregistrées dans la huitaine au Département du Domaine, & acquittées par le Trésorier.

XXIX. Le Maire & les Administrateurs feront au Conseil Municipal, tous les deux mois, l'exposé sommaire de leur administration.

XXX. Chacun d'eux rendra aussi son compte définitif tous les ans, conformément à l'article LIX du Titre premier.

XXXI. Les Administrateurs feront astreints en tout temps à donner connoissance de leurs opérations au Maire, au Corps Municipal, ou au Conseil général de la Commune, lorsqu'ils en feront requis. Ils donneront aussi, ou feront donner au Procureur de la Commune, ou à ses Substituts, toutes les instructions qu'ils auront demandées.

XXXII. Le Procureur de la Commune aura toujours le droit de requérir du Secrétaire-Greffier, de ſes Adjoints, ou du Garde des archives, les inſtructions, renſeignemens ou copies de pièces qu'il pourra deſirer. Les Subſtituts, lorſqu'ils exerceront ſes fonctions, jouiront du même droit.

XXXIII. Les quarante-huit Sections, avant de procéder à la première élection des Membres de la Municipalité, détermineront, ſur la propoſition de la Municipalité proviſoire, le traitement du Maire, & les indemnités à accorder aux Adminiſtrateurs, au Procureur de la Commune, & à ſes deux Subſtituts; elles détermineront auſſi, ſur la même propoſition, le traitement du Secrétaire-Greffier & de ſes deux Adjoints, du Garde des archives, & du Bibliothécaire.

XXXIV. Le nombre & les appointemens des Commis ou Employés dans les diverſes parties de l'Adminiſtration municipale, au Secrétariat, aux Archives & à la Bibiliothèque, feront déterminés par des délibérations particulières du Corps Municipal, & confirmés par le Conſeil général de la Commune, d'après les renſeignemens qui feront fournis par le Maire, les Adminiſtrateurs, le Secrétaire - Greffier ou ſes Adjoints.

XXXV. Si les Adminiſtrateurs ou les perſonnes ayant un traitement annuel, font des voyages pour les affaires particulières de la Ville, leurs dépenſes de voyage feulement leur feront rembourſées.

XXXVI. En cas de voyage des Notables pour commissions particulières de la Ville, leurs dépenses de voyage leur seront également remboursées. On leur accordera, en outre, une indemnité raisonnable, qui sera fixée par le Corps Municipal, & confirmée par le Conseil général.

XXXVII. Le Maire, les Administrateurs, les Conseillers & les Notables, le Procureur de la Commune, ses Substituts, le Secrétaire-Greffier & ses Adjoints, & toutes autres personnes attachées au Corps Municipal ou au Conseil général de la Commune, ne pourront établir aucun droit de réception, ni recevoir de qui que ce soit, directement ou indirectement, ni étrennes, ni vin-de-Ville, ni présens; ils ne pourront non plus être intéressés à aucune des fournitures relatives à la Municipalité de Paris.

XXXVIII. Le Procureur de la Commune & ses Substituts auront séance, sans voix délibérative, à toutes les Assemblées du Bureau, du Corps Municipal ou du Conseil général. Nul rapport ne sera fait au Corps Municipal ou au Conseil général, qu'après que l'affaire aura été communiquée au Procureur de la Commune, ou, à son défaut, à l'un de ses Substituts; & nulle délibération ne sera prise sur les rapports, sans avoir entendu celui d'entr'eux à qui l'affaire aura été communiquée. Le Procureur de la Commune ou ses Substituts seront tenus de donner leur avis dans le délai qui aura été déterminé par le Corps Municipal.

XXXIX. Avant de rapporter une affaire au Conseil-général, on la communiquera sommairement au Maire : s'il ne se présente point, on procédera à la délibération malgré son absence.

XL. Le Secrétaire-Greffier & ses Adjoints tiendront la plume dans les Assemblées du Bureau, du Corps Municipal & du Conseil - général ; ils rédigeront les Procès-verbaux & Délibérations, & ils en signeront les extraits ou expéditions, sans frais ; ils veilleront aux impressions, affiches, & envois ; ils délivreront & contresigneront, aussi sans frais, les brevets donnés par le Conseil-général, par le Corps Municipal, ou par le Maire ; & ils feront d'ailleurs toutes les fonctions du Secrétariat et du Greffe.

XLI. Le Trésorier fournira un cautionnement dont la somme sera réglée par le Conseil-général.

XLII. Son traitement & ses frais de Bureau seront aussi réglés par le même Conseil.

XLIII. Le Corps Municipal fera tous les mois, & plus souvent s'il est jugé utile, la vérification de la Caisse. Le Trésorier présentera tous les jours son état de situation ; il fournira aussi au Corps Municipal, à l'expiration de chaque année, un bordereau général de ses recettes & dépenses ; il présentera de plus au Corps Municipal, dans les trois premiers mois de l'année suivante, ses comptes appuyés de pièces justificatives, lesquels devront être arrêtés dans les trois mois suivans.

XLIV. Outre la publicité & l'impreſſion des re-cettes & dépenſes, ordonnées par l'article LVIII & l'article LIX du Décret du 14 Décembre, le Con-ſeil-général pourra vérifier l'état de la Caiſſe & les comptes du Tréſorier, tant que celui-ci n'aura pas obtenu ſa décharge définitive.

XLV. L'arrêté de l'Adminiſtration ou du Direc-toire du Département de Paris, opérera ſeul la dé-charge définitive des Comptables.

TITRE IV.

ARTICLE PREMIER.

L'Aſſemblée des quarante-huit Sections devra être convoquée par le Corps Municipal, lorſque le vœu de huit Sections, réſultant de la majorité des voix, dans une Aſſemblée de chaque Section, compoſée de cent Citoyens actifs au moins, & convoquée par le Préſident des Commiſſaires de la Section, ſe ſera réuni pour la demander.

Le Préſident des Commiſſaires d'une Section ſera tenu de convoquer ſa Section, lorſque cinquante Citoyens actifs ſe réuniront pour la demander.

II. Lorſque l'Aſſemblée des quarante-huit Sections aura lieu, un Membre du Corps Municipal ou un des Notables pourra aſſiſter à l'Aſſemblée de chacune des Sections, mais ſans pouvoir la préſider, & ſans que ſon abſence puiſſe la différer.

III. Il y aura dans chacune des quarante - huit Sections un Commissaire de Police toujours en activité, & dont les fonctions relatives à la Municipalité seront déterminées par les articles suivans.

IV. Chacune des quarante - huit Sections aura en outre seize Commissaires, sous le nom de Commissaires de Section, qui exerceront dans leur arrondissement, sous l'autorité du Corps Municipal & du Conseil général de la Commune, les fonctions suivantes :

V. Les seize Commissaires de Section seront chargés de surveiller & de seconder au besoin le Commissaire de Police.

VI. Ils seront tenus de veiller à l'exécution des Ordonnances, Arrêtés ou Délibérations, sans y apporter aucun obstacle ni retard : le Commissaire de Police aura séance & voix consultative à leurs Assemblees.

VII. Ils donneront aux Administrateurs, au Corps Municipal & au Conseil-général, ainsi qu'au Maire, au Procureur de la Commune, & à ses Substituts, tous les éclaircissemens, instructions & avis qui leur seront demandés.

VIII. Ils nommeront entre eux un Président, & se réuniront tous les huit jours, & en outre, toutes les fois que des circonstances extraordinaires l'exigeront.

IX. L'un d'eux restera, à tour de rôle, vingt-quatre heures dans sa maison, afin que le Commissaire de Police, & les Citoyens de la Section, puissent recourir à lui en cas de befoin ; le Commiffaire de fervice fera de plus chargé de répondre aux demandes & repréfentations qui pourront être faites.

X. Les jeunes Citoyens de la Section, parvenus à l'âge de vingt-un ans, après s'être fait infcrire chez le Commiffaire de Police, porteront leur certificat d'infcription chez le Commiffaire de Section qui fe trouvera de fervice, & leur indiquera l'époque de la preftation de leur ferment.

XI. Les Commiffaires de Section pourront être chargés par l'Adminiftration du Département de Paris, de la répartition des impôts dans leurs Sections refpectives.

XII. Les Commiffaires de Police feront élus pour deux ans, & pourront être réélus autant de fois que leur Section le jugera convenable : le premier remplacement, s'il a lieu, ne pourra fe faire qu'à la Saint-Martin 1792 ; le Confeil - général de la Commune fixera la fomme de leur traitement.

XIII. Chaque Commiffaire de Police aura fous fes ordres un Secrétaire Greffier de Police, dont le Confeil-général de la Commune fixera auffi le traitement.

XIV. Les perfonnes domiciliées, arrêtées en flagrant-délit dans l'arrondiffement d'une Section, feront conduites chez le Commiffaire de Police. Celui-ci pourra, avec la fignature de l'un des Commiffaires de Section, envoyer dans une maifon d'arrêt les perfonnes ainfi arrêtées, lefquelles feront entendues dans les vingt-quatre heures, conformément à ce qui fera réglé par la fuite.

XV.

XV. Les personnes non domiciliées, arrêtées dans l'arrondissement d'une Section, seront conduites chez le Commissaire de Police : si elles sont prévenues d'un désordre grave ou d'un délit, celui-ci pourra les envoyer dans une maison d'arrêt, où elles seront interrogées dans les vingt-quatre heures, & remises en liberté, ou, selon la gravité des circonstances, livrées à la Justice ordinaire, ou condamnées par le Tribunal de Police qui sera établi.

XVI. Le Commissaire de Police, en cas de vols ou d'autres crimes, gardera par-devers lui les effets volés & les pièces de conviction, pour les remettre aux Juges. Dans tous les cas, il dressera procès-verbal des pièces & des faits, & il tiendra registre du tout ; il en instruira de plus le Département de Police, & le Commissaire de Section qui se trouvera de service.

XVII. Hors les cas du flagrant-délit, la Municipalité ne pourra ordonner l'arrestation de qui que ce soit, que dans les cas & de la manière qui seront déterminés dans le Règlement de Police.

XVIII. Le Commissaire de Police rendra compte au Maire, ainsi que l'ordonnera celui-ci.

XIX. Le Commissaire de Police rendra tous les soirs, au Commissaire de Section qui sera de service, un compte sommaire & par écrit des événemens de la journée.

XX. Le Secrétaire-Greffier tiendra la plume aux Assemblées du Comité ; il dressera les procès-verbaux lorsqu'il en sera requis par les Commissaires ; il sera chargé de faire les expéditions, les extraits & les envois

C

à qui il appartiendra ; il fera auffi chargé de la tenue de tous les regiftres néceffaires aux fonctions du Comité & du Commiffaire de Police.

XXI. Les appointemens du Secrétaire-Greffier feront acquittés des deniers communs de la Ville.

XXII. Il fera procédé à l'élection des feize Commiffaires de Section, du Commiffaire de Police & du Secrétaire-Greffier, par les Affemblées de chaque Section, immédiatement après les élections des Membres du Corps Municipal & du Confeil général de la Commune.

XXIII. L'élection du Commiffaire de Police fe fera au fcrutin & à la pluralité abfolue des fuffrages, mais par bulletin de deux noms : fi le premier ou le fecond tour de fcrutin ne donne pas cette pluralité abfolue, on procédera à un troifième & dernier, dans lequel on n'écrira qu'un nom ; les voix ne pourront porter que fur l'un des deux Citoyens qui en auront obtenu le plus grand nombre au fecond fcrutin.

XXIV. Le Commiffaire de Police & le Secrétaire-Greffier ne pourront être choifis que parmi les Citoyens éligibles de la Section, & ils feront tenus d'y réfider.

XXV. L'élection du Secrétaire-Greffier fe fera au fcrutin par bulletin de deux noms, & à la pluralité relative, laquelle fera au moins du quart des fuffrages.

XXVI. Les feize Commiffaires de Section feront choifis parmi les Citoyens éligibles de la Section, au fcrutin, par bulletin de lifte de fix noms.

XXVII. Ceux qui, par le dépouillement du scrutin, se trouveront réunir la pluralité relative du tiers au moins des suffrages, seront déclarés Commissaires.

XXVIII. Pour le nombre des Commissaires restans à nommer, comme aussi dans le cas où aucun Citoyen n'auroit eu la pluralité du tiers des voix, il sera procédé à un second scrutin par bulletin de liste de six noms; & ceux qui, par le dépouillement de ce scrutin, réuniront la pluralité relative du tiers au moins des voix, seront déclarés Commissaires

XXIX. Si le nombre des seize Commissaires n'est pas encore rempli, ou si aucun Citoyen ne se trouve élu, il sera procédé à un dernier scrutin, par bulletin de liste de six noms, & à la simple pluralité relative des suffrages : ceux qui l'obtiendront seront déclarés élus jusqu'à concurrence des seize Commissaires à nommer.

XXX. Si un Citoyen nommé Commissaire au troisième tour, refuse, il sera remplacé par le concurrent qui, dans ce même tour de scrutin, aura eu le plus de voix après lui : si un Citoyen nommé Commissaire dans les deux premiers scrutins, refuse après la dissolution de l'Assemblée, il sera remplacé par celui qui, dans les divers scrutins, aura eu le plus de voix. Les Commissaires de Section, en cas de mort ou de démission dans le cours de l'année, seront remplacés, jusqu'à l'époque ordinaire des élections, par ceux des Citoyens qui auront eu le plus de voix après eux ; & pour exécuter ces deux dispositions, on conservera les résultats des scrutins.

XXXI. L'exercice des fonctions de Commissaire de

Police fera incompatible avec celles de la Garde Nationale.

XXXII. Les Commiffaires de Section, le Commiffaire de Police & fon Secrétaire-Greffier prêteront ferment entre les mains du Préfident de l'Affemblée de la Section, de bien & fidèlement remplir leurs devoirs.

XXXIII. La moitié des Commiffaires de Section fortira chaque année. La première fortie fe fera par la voie du fort; elle n'aura lieu qu'à l'époque des élections ordinaires en 1791; &, pour la première fois, le temps qui s'écoulera entre l'époque de leur élection & l'époque fixe des élections ordinaires, ne fera point compté.

XXXIV. Les élections des Secrétaires-Greffiers fe renouvelleront tous les deux ans, & l'époque en fera fixée de façon à alterner avec celle de l'élection des Commiffaires de Police.

TITRE V.

Décrets généraux fur les Municipalités du Royaume, que l'article IV du Titre premier déclare applicables à la Ville de Paris, & ordonne de rapporter à la fin du Règlement de la Municipalité de la Capitale.

ARTICLE PREMIER.

Les Officiers & Membres des Municipalités actuelles feront remplacés par voie d'élection.

II. Les droits de préfentation, nomination ou confirmation, & les droits de préfidence ou de préfence aux Affemblées municipales, prétendus ou exercés comme attachés à la poffeffion de certaines Terres, aux fonctions de Commandant de Province ou de ville, aux Évêchés ou Archevêchés, & généralement à tel autre titre que ce puiffe être, font abolis.

III. Tous les Citoyens actifs de chaque ville, bourg, paroiffe ou communauté, pourront concourir à l'election des Membres du Corps Municipal.

IV. Les Affemblées des Citoyens actifs feront convoquées par le Corps Municipal, huit jours avant celui où elles devront avoir lieu. La féance fera ouverte en préfence d'un Citoyen chargé par le Corps Municipal d'expliquer l'objet de la convocation.

V. Chaque Affemblée procédera, dès qu'elle fera formée, à la nomination d'un Préfident & d'un Secrétaire : il ne faudra pour cette nomination que la fimple pluralité relative des fuffrages, en un feul fcrutin recueilli & dépouillé par les trois plus anciens d'âge.

VI. Chaque Affemblée nommera enfuite, à la pluralité relative des fuffrages, trois Scrutateurs qui feront chargés d'ouvrir les fcrutins fubféquens, de les dépouiller, de compter les voix & de proclamer les réfultats. Ces trois Scrutateurs feront nommés par un feul fcrutin recueilli & dépouillé, comme le précédent, par les trois plus anciens d'âge.

VII. Les conditions de l'éligibilité pour les Adminiftrations municipales, feront les mêmes que pour les Adminiftrations de Département & de Diftrict.

VIII. Les Officiers Municipaux & les Notables ne pourront être nommés que parmi les Citoyens éligibles de la Commune.

IX. Les Citoyens qui occupent des places de judicature, ne peuvent être en même-temps membres des Corps Municipaux.

X. Ceux qui font chargés de la perception des impôts indirects, tant que ces impôts fubfifteront, ne peuvent être admis en même-temps aux fonctions municipales.

XI. Les Maires feront toujours élus à la pluralité abfolue des voix. Si le premier fcrutin ne donne pas cette pluralité, il fera procédé à un fecond : fi celui-ci ne la donne point encore, il fera procédé à un troifième, dans lequel le choix ne pourra plus fe faire qu'entre les deux Citoyens qui auront réuni le plus de voix aux fcrutins précédens : enfin, s'il y avoit égalité de fuffrages entr'eux à ce troifième fcrutin, le plus âgé feroit préféré.

XII. Il y aura, dans chaque Municipalité, un Procureur de la Commune, sans voix délibérative. Il sera chargé de défendre les intérêts & de poursuivre les affaires de la Communauté.

XIII. Le Procureur de la Commune sera nommé par les Citoyens actifs, au scrutin & à la pluralité absolue des suffrages, dans la forme, & selon les règles prescrites pour l'élection du Maire.

XIV. Le Bureau sera chargé de tous les soins de l'exécution, & borné à la simple régie.

XV. Toutes les délibérations nécessaires à l'exercice des fonctions du Corps Municipal seront prises dans l'Assemblée des Membres du Conseil & du Bureau réunis, à l'exception des délibérations relatives à l'arrêté des comptes, qui seront prises par le Conseil seul.

XVI. Les Officiers Municipaux & les Notables seront élus pour deux ans, & renouvelés par moitié chaque année.

XVII. Le Maire restera en exercice pendant deux ans; il pourra être réélu pour deux autres années; mais ensuite il ne sera permis de l'élire de nouveau qu'après un intervalle de deux ans.

XVIII. Le Procureur de la Commune conservera

ſa place pendant deux ans , & pourra également être réélu pour deux autres années.

XIX. Les Aſſemblées d'élection pour les renouvellemens annuels ſe tiendront, dans tout le Royaume, le Dimanche d'après la St. Martin, ſur la convocation des Officiers Municipaux.

XX. Avant d'entrer en exercice, le Maire & les autres Membres du Corps Municipal, le Procureur de la Commune & ſon Subſtitut , s'il y en a un, prêteront le ſerment de maintenir de tout leur pouvoir, la Conſtitution du Royaume, d'être fidèles à la Nation, à la Loi & au Roi , & de bien remplir leurs fonctions. Ce ſerment ſera prêté à la prochaine élection devant la Commune, & devant le Corps Municipal aux élections ſuivantes.

XXI. Le Maire & les autres Membres du Corps Municipal , le Procureur de la Commune & ſon Subſtitut, ne pourront exercer en même temps ces fonctions & celles de la Garde-Nationale.

XXII. Le Conſeil général de la Commune , compoſé tant des Membres du Corps Municipal que des Notables, ſera convoqué toutes les fois que l'Adminiſtration Municipale le jugera convenable ; elle ne pourra ſe diſpenſer de le convoquer, lorſqu'il s'agira de délibérer ,

Sur des acquisitions ou aliénations d'immeubles ;

Sur des impositions extraordinaires pour dépenses locales ;

Sur des emprunts ;

Sur des travaux à entreprendre ;

Sur l'emploi du prix des ventes, des remboursemens ou des recouvremens ;

Sur les procès à intenter ;

Même sur les procès à soutenir, dans le cas où le fond du droit sera contesté.

XXIII. Dans toutes les villes au-dessus de quatre mille ames, les comptes de l'Administration Municipale en recettes & dépenses, seront imprimés chaque année.

XXIV. Dans toutes les Communautés, sans distinction, les Citoyens actifs pourront prendre au Greffe de la Municipalité, sans déplacer & sans frais, communication des comptes, des pièces justificatives & des Délibérations du Corps Municipal, toutes les fois qu'ils le requerront.

XXV. Si un Citoyen croit être personnellement lésé par quelque acte du Corps Municipal, il pourra exposer les sujets de plainte à l'Administration, ou au Directoire de Département, qui y fera droit, après avoir vérifié les faits.

XXVI. Tout Citoyen actif pourra signer & présenter contre les Officiers Municipaux, la dénonciation des délits d'adminiftration dont il prétendra qu'ils fe feront rendus coupables ; mais avant de porter cette dénonciation dans les Tribunaux, il fera tenu de la foumettre à l'Adminiftration, ou au Directoire du Département, qui, après avoir examiné les faits, renverra la dénonciation, s'il y a lieu, à ceux qui devront en connoître.

XXVII. Nul Citoyen ne pourra exercer en même temps, dans la même Ville ou Communauté, les fonctions municipales & les fonctions militaires.

XXVIII. Aux prochaines élections, lorfque les Affemblées primaires des Citoyens actifs de chaque Canton, ou les Affemblées particulières de chaque Communauté, auront été formées, & auffi-tôt après que le Préfident & le Secrétaire auront été nommés, il fera, avant de procéder à aucune autre élection, prêté par le Préfident & le Secrétaire, en préfence de l'Affemblée, & enfuite par les Membres de l'Affemblée, entre les mains du Préfident, le ferment » de maintenir de tout leur pouvoir la Conftitu-» tion du Royaume, d'être fidèles à la Nation, à la » Loi & au Roi, de choifir en leur ame & Con-» fcience les plus dignes de la confiance publique, » & de remplir avec zèle & courage les fonctions » civiles & politiques qui pourront leur être confiées. « Ceux qui refuferont de prêter ce ferment feront incapables d'élire ou d'être élus.

XXIX. Jufqu'à l'époque ou l'Affemblée Nationale aura déterminé par fes Décrets l'organifation définitive des Milices & des Gardes Nationales , les Citoyens qui rempliffent actuellement les fonctions d'Officiers ou de Soldats dans les Gardes Nationales, méme ceux qui fe font formés fous la dénomination de Volontaires , préteront par provifion , & auffi-tôt aprés que les Municipalités feront établies , entre les mains du Maire & des Officiers Municipaux , en prefence de la Commune affemblée, le ferment d'être fidèles à la Nation , à la Loi & au Roi ; de maintenir de tout leur pouvoir , fur la réquifition des Corps Adminiftratifs & Municipaux , la Conftitution du Royaume , & de prêter pareillement , fur les mêmes réquifitions, main-forte à l'exécution des Ordonnances de Juftice , & à celles des Décrets de l'Affemblée Nationale acceptés ou fauctionnés par le Roi.

XXX. Lorfque le Maire & les Officiers Municipaux feront en fonction , ils porteront pour marque diftinctive par deffus leur habit & en baudrier , une écharpe aux trois couleurs de la Nation , bleu , rouge & blanc, attachée d'un nœud , & ornée d'une frange couleur d'or pour le Maire , blanche pour les Officiers Municipaux , & violette pour le Procureur de la Commune.

Les rangs font ainfi réglés :

XXXI. Le Maire, puis les Officiers Municipaux, felon l'ordre des tours de fcrutin où ils auront été nommés , & dans le même tour, felon le nombre des fuffrages qu'ils auront obtenus ; enfin le Procureur de la Commune , & fes Subftituts que fuivront les Greffiers & Tréforiers. Quant aux Notables, ils n'ont de rang que dans les Séances du Conseil-général ; ils y fiégeront à la fuite du Corps Municipal, felon le nombre des fuffrages donnés à chacun d'eux : en cas d'égalité, le pas appartient aux plus âgés.

XXXII. Cet ordre fera obfervé même dans les cérémonies religieufes , immédiatement à la fuite du Clergé ; cependant la préféance attribuée aux Officiers Municipaux fur les autres Corps, ne leur confère aucun des anciens droits honorifiques dans les Eglifes.

XXXIII. La condition du domicile de fait, exigée pour l'exercice des droits de Citoyen actif, dans une Affemblée de Commune ou dans une Affemblée primaire, n'emporte que l'obligation d'avoir dans le lieu, ou dans le canton, une habitation depuis un an , & de déclarer qu'on n'exerce les mêmes droits dans aucun autre endroit.

XXXIV. Ne feront réputés Domeftiques ou Serviteurs à gages , les Intendans ou Régiffeurs, les ci-devant Feudiftes, les Secrétaires, les Charretiers ou Maîtres-valets de labour, employés par les Propriétaires, Fermiers ou Métayers, s'ils réuniffent d'ailleurs les autres conditions exigées.

Mandons & ordonnons à tous les Tribunaux & Municipalité de Paris, que les préfentes ils faffent tranfcrire fur leurs Régiftres , lire , publier, afficher &

exécuter dans leurs Reſſorts reſpectifs, ainſi que le Décret du 21 Mai, le Procès-Verbal de la Diviſion de
la Ville de Paris en 48 Sections, & le Décret du
22 de ce mois, dont la teneur ſuit leſdites Préſentes :
En foi de quoi Nous avons ſigné & fait contreſigner
ceſdites Préſentes, auxquelles Nous avons fait appoſer
le Scean de l'Etat. A Paris, le vingt-ſeptième jour du
mois de Juin, l'an de grâce 1790, & de notre Règne
le dix-ſeptième. Signé LOUIS. *Par le Roi*, GUIGNARD,
viſa † L'ARCHEVÊQUE DE BORDEAUX.

Du 21 Mai 1790.

Suite de l'Article XXXIV des Lettres-Patentes ci-deſſus.

L'Aſſemblée Nationale, en exécution de l'article VI
du Titre premier du Règlement pour la Municipalité
de la Capitale, autoriſe les Commiſſaires adjoints au
Comité de Conſtitution, à tracer la diviſion de la
Ville de Paris en quarante-huit Sections, après avoir
entendu les Commiſſaires de la Municipalité & les
Commiſſaires des ſoixante Diſtricts actuels, & les
charge de rendre compte à l'Aſſemblée des difficultés
qui pourront ſurvenir.

Les Commiſſaires-Adjoints ſigneront deux exemplaires du Plan de la Ville de Paris, diviſée en quarante-huit Sections, & du Procès-verbal de diviſion :
l'un des exemplaires ſera dépoſé aux Archives de l'Aſſemblée Nationale, & l'autre ſera envoyé au Greffe
de l'Hôtel-de-ville.

DÉCRET *du 22 Juin 1790, concernant la Division de Paris en quarante-huit Sections.*

L'Assemblée Nationale, conformément à l'article VI du Titre premier du Règlement général pour la Municipalité de Paris, décrète la division de cette Ville en quarante-huit Sections, telle qu'elle est tracée & énoncée dans le plan & le procès-verbal joint au présent Décret. Elle ordonne de déposer aux Archives de l'Assemblée & au Greffe de l'Hôtel-de-ville, un exemplaire de ce Plan & de ce Procès verbal, signé des Commissaires-Adjoints au Comité de Constitution.

Le Roi sera supplié de donner les ordres nécessaires pour que les opérations préalables aux élections soient terminées au plus tard le 4 Juillet, & que les élections commencent le lendemain.

LES COMMISSAIRES ADJOINTS au Comité de Constitution, autorisés par l'Article XXXIV du Décret de l'Assemblée Nationale de l'organisation de la Municipalité de Paris des 3 Mai & jours suivans, à tracer la division de cette Ville en quarante-huit Sections, après avoir entendu les Commissaires de la Municipalité provisoire & ceux des soixante Districts actuels;

Vu les Procès-verbaux des Séances de l'Assemblée des Députés de la Commune & des Commiffaires nommés par l'univerfalité des Diftricts des 6, 12 & 14 Juin; enfemble les Mémoires & les Délibérations préfentées au Comité de Conftitution au nombre de foixante-dix Piéces dépofées aux Archives de l'Affemblée Nationale, ont arrêté & tracé cette divifion avec les dénominations des nouvelles Sections, ainfi qu'il fuit.

SECTION DES TUILERIES.

Limites de cette Section.

LA rue S. Honoré, à droite, depuis la rue Royale jufqu'à la rue Froid-Manteau : la rue Froid-Manteau, à droite de la rue S. Honoré, à la rivière : le bord de la rivière jufqu'au pont de Louis XVI : le côté droit de la Place Louis XV : la rue Royale, à droite, jufqu à la rue S. Honoré.

Interieur.

La rue S. Florentin, les Tuileries, la Place du Caroufel, les rues du Dauphin, de l'Echelle, S. Louis, du Caroufel, S. Nicaife, des Orties, du Doyenné, S. Thomas-du-Louvre, la partie de la Place du Palais-Royal, à droite, en allant à la rue de Chartres, depuis le coin de la rue S. Honoré jufques y compris le

Chateau-d'eau , au coin de la rue Froid-Manteau : les rues de Chartres , de Rohan , &c ; & généralement toutes les rues , culs - de - sacs & places enclavées dans cette limite.

SECTION DES CHAMPS-ÉLYSÉES.

Limites de cette Section.

La rue du Fauxbourg-du-Roule & du Fauxbourg-S.-Honoré , à droite, depuis la barrière, jusqu'à la rue Royale : la rue Royale a droite , la traverse de la Place Louis XV jusqu'à la rivière : le bord de l'eau , jusqu'à la barrière des Bons-Hommes : les murs jusqu'à la barrière du Roule

Intérieur.

Chaillot , le Cours-la-Reine , les Champs-Elysées, les rues de Berri , du Cimetière , d'Angoulème, rues Neuve-du-Colisée , du Colisée , Neuve-du-Ponthieu , Rousselet, de Marigny, des Champs-Elysées , & généralement toutes les rues , culs-de-sacs , ou places enclavées dans cette limite.

SECTION DU ROULE.

Limites de cette Section.

Les rues du Fauxbourg du Roule & du Fauxbourg-S.-Honoré , à gauche, en prenant de la barrière jusqu'à la rue de la Madeleine : la rue de la Madeleine , à gauche , de l'Arcade l'Arcade, à gauche : de 'la Pologne, à gauche : rue S. Lazare, à gauche, depuis la rue de la Pologne jusqu'à la rue de Clichi : la rue de Clichi, à gauche, jusqu'à la barrière : les murs depuis la barrière du Roule jusqu'à la barrière de Clichy.

Intérieur.

Les rues de Chartres, de Monceaux, de Courcelles, de la Nouvelle-Pépinière, de la Pepinière des Rochers, partie de celle S. Lazare, les rues Verte, de Miroménil, Roquépine, Neuve-Sainte Croix, des Sauſſayes, de la Ville-l'Evêque, d'Aſtorg, d'Anjou, Quatremer, de Duras, du Marché d'Agueſſeau, de Surêne, &c. ; & généralement toutes les rues, culs-de-ſacs, places enclavées dans cette limite.

SECTION DU PALAIS-ROYAL.

Limites de cette Section.

La rue S. Honoré, à gauche, depuis la Place Vendôme juſqu'à la rue des Bons-Enfans : la rue des Bons-Enfans à gauche : la rue Neuve des Bons-Enfans, à gauche, juſqu'à la rue Neuve-des-Petits-Champs : la rue Neuve-des-Petits-Champs juſqu'à la Place Vendôme, à gauche : la Place Vendôme, à gauche, juſqu'à la rue S. Honoré.

D

Intérieur.

Les rues de la Sourdière , Neuve-S.-Roch , d'Argenteuil , des Moineaux , l'Evêque , des Orties , Clos-Georgeot , des Moulins , Royale , Ventadour , Thérèse , du Hasard , Villedot , Sainte-Anne , Traversière : la rue de Richelieu des deux côtés , depuis la rue S. Honoré jusqu'à la rue Neuve-des-Petits-Champs : le Palais-Royal & les rues de son pour-tour , & généralement toutes les rues , culs-de-sacs , places , &c. enclavées dans cette limite.

SECTION DE LA PLACE VENDOME.

Limites de cette Section.

La rue de la Madeleine , à droite , en partant de la rue S. Honoré : la rue de l'Arcade , à droite : la rue de la Pologne , à droite : la rue S. Lazare , à droite , depuis la rue de la Pologne jusqu'à la rue de la Chaussée-d'Antin : la Chaussée d'Antin , à droite , jusqu'au boulevard : la rue de Louis-le-Grand , à droite , depuis le boulevard jusqu'à la rue Neuve-des-Petits-Champs : la rue Neuve-des-Petits-Champs , depuis la rue de Louis-le-Grand , à droite , jusqu'à la Place Vendôme : la Place Vendôme , à droite , jusqu'à la rue S. Honoré : la rue S. Honoré , à droite de la Place Vendôme , à la rue de la Madeleine.

Intérieur.

Les rues Neuve-des-Capucins , Sainte-Croix , de l'Egout, Neuve-des-Mathurins, de la Ferme, Thiroux, Caumartin, Trudaine, Boudreau, Basse-du-Rempart, le Boulevard, les rues de Luxembourg, des Capucines, &c.; & généralement toutes les rues, culs-de-sacs, places &c., qui sont enclavées dans cette limite.

SECTION DE LA BIBLIOTHÈQUE.

Limites de cette Section.

La rue Neuve-des-Petits-Champs, à gauche, depuis la rue de Louis-le-Grand jusqu'à la rue Vivienne : la rue Vivienne, à gauche, jusqu'à la rue des Filles-Saint-Thomas : la rue des Filles-Saint-Thomas, à gauche, depuis la rue Vivienne jusqu'à la rue Notre-Dame-des-Victoires : la rue Notre-Dame-des-Victoires, à gauche, depuis la rue des Filles Saint-Thomas jusqu'à la rue Montmartre : la rue Montmartre, à gauche, depuis la rue Notre-Dame-des-Victoires jusqu'au Boulevard Montmartre : le Boulevard, à gauche de la rue Montmartre, à la rue de Louis-le-Grand : la rue de Louis-le-Grand, à gauche, jusqu'à la rue Neuve-des-Petits-Champs.

Intérieur.

Les rues d'Antin, de Gaillon, Sainte-Anne, Chabanois, de Richelieu, Colbert, des Filles-Saint-Thomas, Feydeau, Saint-Marc, Neuve-Saint-Marc, d'Amboise, de Favart, de Marivaux, de la Comédie, de Ménars, Neuve-Saint-Augustin, de Louvois, de Grammont, de Choiseul, de la Michodière, &c.; & généralement toutes les rues, culs-de-sacs, places, &c. enclavées dans cette limite.

SECTION DE LA GRANGE-BATELIÈRE,

Limites de cette Section.

La rue de Clichy, à gauche de la barrière, à la rue
S. Lazare : la rue de la Chaussée d'Antin, à gauche, depuis la rue de Clichy jusqu'au Boulevard : le Boulevard,
à gauche de la Chaussée d'Antin, à la rue Montmartre :
rue du fauxbourg Montmartre & rue des Martyrs, à
gauche, jusqu'à la barrière : les murs de la barrière Montmartre à celle de Clichy.

Intérieur.

Les rues Blanche, de la Rochefoucauld : rue Royale,
ruelle Baudin, rues S. Georges, des Porcherons, des
Trois-Frères, Taitbout, d'Artois, le Pelletier, Grange-
Batelière, Chauffat, Chante-Reine, de Provence, &c. ;
& généralement toutes les rues, culs-de-sacs, places, &c.
enclavées dans cette limite.

SECTION DU LOUVRE.

Limites de cette Section.

Le bord de l'eau depuis le premier guichet du Louvre
jusqu'au Pont-au-Change : la rue de la Jouaillerie, à
gauche, en enclavant les boucheries : la rue S. Denis, à
gauche, jusqu'à la rue Perrin-Caffelin : la rue Perrin-
Caffelin à gauche : la rue du Chevalier-du-Guet, à gauche,

Jufqu'à la rue des Lavandières : la rue des Lavandières, à gauche, jufqu'à la rue des Mauvaifes-Paroles : la rue des Deux-Boules, des deux côtés, ainfi que le bout de la rue Bertin-Poirée : la rue Bétizy à gauche : la rue des Foffés-Saint-Germain, à gauche, jufqu'au bâtiment du Louvre : le corps du bâtiment du Louvre, à droite, fert de limite jufqu'à la rue de Beauvais : la rue de Beauvais, à gauche, jufqu'à la rue Froid-manteau : la rue Froid-manteau, à gauche, depuis la rue de Beauvais jufqu'à la rivière.

Intérieur.

Le Vieux-Louvre, les rues du Petit-Bourbon, partie de celle de l'Arbre-fec, le Quai & Place de l'Ecole, la Samaritaine, le quai de la Mégifferie, le cloître S. Germain-l'Auxerrois, les rues des Prêtres, Baillet, de la Monnoie, la Place des Trois-Maries, les rues Boucher, Thibautodé, S. Germain-l'Auxerrois, Bertin-Poirée, Jean-Lantier, &c. ; & généralement toutes les rues, culs-de-facs, places, &c enclavées dans cette limite.

SECTION DE L'ORATOIRE.

Limites de cette Section.

La rue S. Honoré, à droite, depuis la rue Froid-manteau jufqu'à la rue des Déchargeurs : la rue des Déchargeurs, à droite, jufqu'à la rue des Fourreurs : la rue des Fourreurs, à droite, jufqu'à la rue des Lavandières : la rue des Lavandières, à droite, jufqu'à la rue des Mauvaifes-Paroles : la rue des Mauvaifes-Paroles à droite &

à gauche : la rue Bétizy à droite : la rue des Fossés Saint-Germain, à droite, jusqu'à la colonnade du Louvre : les murs du Louvre jusqu'à la rue de Beauvais : la rue de Beauvais, à droite, jusqu'à la rue Froid-manteau : la rue Froid-manteau, à droite, depuis la rue de Beauvais jusqu'à celle S. Honoré.

Intérieur.

Les rues Jean Saint-Denis, du Chantre, Champ-fleuri, du Coq, du Louvre, d'Angivilliers, des Poulies, Bailleul, partie de celle de l'Arbre-sec, du Roule, Tirechape, des Bourdonnois, des Déchargeurs, des deux côtés, depuis la rue des Fourreurs jusqu'à celle des Mauvaises-Paroles, &c. ; & généralement toutes les rues, culs-de-sacs, places, &c. enclavées dans cette limite.

SECTION DE LA HALLE AU BLED.

Limites de cette Section.

La rue des Bons-Enfans & neuve des Bons-Enfans, à droite, depuis la rue S. Honoré jusqu'à la rue Neuve-des-Petits-Champs : la rue de la Feuillade, à droite, jusqu'à la Place des Victoires : la Place des Victoires, à droite de la rue de la Feuillade, à la rue Croix-des-Petits-Champs : la rue Croix-des-Petits-Champs, à droite, jusqu'à la rue Coquillère : la rue Coquillère, à droite, jusqu'à la rue du Four, la rue du Four, à droite, jusqu'à la rue St. Honoré : la rue S. Honoré, à droite, depuis la rue du Four, jusqu'à la rue des Bons-Enfans.

Intérieur.

Les rues Baillif, de la Vrilliere, Croix-des-Petits-Champs,

du Bouloi , du Pelican , de Grenelle , d'Orléans , des
Deux-Ecus , Babile , de Varenne , de Vanne , Oblin , de
Sartine , Mercier , la Nouvelle-Halle , &c. ; & généralement toutes les rues , culs-de-facs , places , &c. enclavées dans cette limite.

SECTION DES POSTES.

Limites de cette Section.

La rue S. Honoré , à gauche , depuis la rue du Four
jufqu'à la rue de la Tonnellerie : la rue de la Tonnellerie ,
à gauche , jufqu'à la rue de la Fromagerie : le bout de
la rue de la Fromagerie , à gauche , jufqu'à la rue Comteffe-d'Artois : les rues Comteffe-d'Artois & Montorgueil ,
à gauche , jufqu'au paffage du Saumon : la rue Montmartre , à gauche , depuis le Paffage du Saumon jufqu'à
la rue de la Juffienne : les rues de la Juffienne & Coq-
Héron , à gauche de la rue Montmartre à la rue Coquillère : la rue Coquillère , à gauche , jufqu'à la rue du
Four : la rue du Four , à gauche , jufqu'à la rue S. Honoré.

Intérieur.

Les rues Verderet , Platrière , du Jour , Traînée , Ti-
quetone , des Prouvaires , des Deux-Ecus , de la Fayette ,
&c. , & généralement toutes les rues , culs de-facs ,
places , &c. enclavées dans cette limite.

SECTION DE LA PLACE DE LOUIS XIV.

Limites de cette Section.

La rue Neuve-des-Petits-Champs, à gauche, depuis la rue Vivienne, jusqu'à la rue de la Feuillade : la rue de la Feuillade, à gauche jusqu'à la Place Victoire : le pourtour de la Place Victoire, à gauche, depuis la rue de la Feuillade jusqu'à la rue Croix-des-Petits-Champs : la rue Croix-des-Petits-Champs, à gauche, de la Place Victoire à la rue Coquillière : la rue Coquillère, à gauche, jusqu'à la rue Coq-Héron : la rue Coq-Héron & de la Jussienne, à gauche, jusqu'à la rue Montmartre : la rue Montmartre, à gauche , jusqu'à la rue Notre-Dame-des-Victoires : la rue Notre-Dame des Victoires à gauche, jusqu'à la rue Joquelet : la rue des Filles-St.-Thomas, à gauche, jusqu'à la rue Vivienne : la rue Vivienne , à gauche , jusqu'á la rue Neuve-des-Petits-Champs.

Intérieur.

Rue Notre-Dame-des-Victoires, des deux côtés, jusqu'à la rue Joquelet ; les rues Joquelet, St. Pierre, du Mail, des Fossés-Montmartre , des Vieux-Augustins, Soly, Pagevin, Petit-Reposoir, des Petits-Pères , la Place des Victoires, & les rues qui y aboutissent, & généralement toutes les rues , culs-de-sacs, places , &c. enclavées dans cette limite.

SECTION DE LA FONTAINE MONTMORENCY.

Limites de cette Section.

Le Boulevard, à droite, depuis la rue Montmartre, jufqu'à la rue Poiffonnière : la rue Poiffonnière & celle du Petit-Carreau, à droite, jufqu'au Paffage du Saumon : le Paffage du Saumon, des deux côtés : la rue Montmartre, à droite, depuis le Paffage du Saumon, jufqu'au Boulevard.

Intérieur.

Les rues du Sentier, S. Fiacre, des Jeuneurs, S. Roch, du Croiffant, S. Jofeph, du Gros-Chenet, partie de la rue de Clery, depuis la rue Montmartre jufqu'à celle du Petit-Carreau ; les rues Neuve-St.-Euftache, du Bout-du-Monde, &c. ; & généralement toutes les rues, culs-de-facs, places, &c. enclavées dans cette limite.

SECTION DE BONNE - NOUVELLE.

Limites de cette Section.

Le boulevard, à droite, de la rue Poiffonnière à la rue S. Denis : la rue S. Denis, à droite, jufqu'à la rue Thevenot : la rue Thevenot, à droite, jufqu'à la rue du Petit-Carreau : les rues du Petit-Carreau & Poiffonnière, à droite, jufqu'au boulevard.

Intérieur.

Les rues de la Lune, Beauregard, & toutes celles qui

y aboutiſſent ; partie de la rue de Clery, depuis la rue du Petit-Carreau juſqu'au boulevard ; les rues de Bourbon, S. Claude, Ste. Foy, S. Philippe, des Filles-Dieu, la Halle à la marée, &c. ; & généralement toutes les rues, culs-de-ſacs, places, &c. enclavées dans cette limite.

SECTION DU PONCEAU.

Limites de cette Section.

Le boulevard à droite de la porte S. Denis à la porte S. Martin : la rue S. Martin, à droite, juſqu'à la rue aux Ours : la rue aux Ours, à droite, juſqu'à la rue S. Denis : la rue S. Denis, à droite, juſqu'au boulevard.

Intérieur.

Les rues Ste.-Apolline, Neuve-St.-Denis, des Egouts, de la Longue-Allée, du Ponceau, Guerin-Boiſſeau, Grenetat, du Grand & du Petit-Hurleur, Bourg l'Abbé, l'Enclos-de-la-Trinité, &c. ; & généralement toutes les rues, culs-de-ſacs, places, &c. enclavées dans cette limite.

SECTION DE MAUCONSEIL.

Limites de cette Section.

La rue Thevenot, à droite de la rue Montorgueil à la rue S. Denis : la rue S. Denis, à droite de la rue

Thevenot à la rue de la Chanvrerie : la rue de la Chanvrerie à droite ; & en continuant toujours à droite, les petits Piliers jusqu'à la rue de la Fromagerie : depuis le coin des petits Piliers, en remontant à droite la rue Comtesse-d'Artois : rue Montorgueil, à droite, en remontant jusqu'à la rue Thevenot.

Intérieur.

Les rue S. Sauveur, Beaurepaire, du Renard, Tire-Boudin, des deux Portes, Pavée, du Petit-Lyon, Françoise, Mauconseil, Verdelet, de la Truanderie, Réale, petite-Truanderie, &c. ; & généralement toutes les rues, culs-de-sacs, places, &c. enclavées dans cette limite.

SECTION DU MARCHÉ DES INNOCENS.

Limites de cette Section.

La rue S. Denis, à droite, depuis la rue de la Chanvrerie jusqu'à la rue Perrin-Cassselin : la rue du Chevalier-du-Guet, à droite, jusqu'à la rue des Lavandières : la rue des Lavandières, à droite, jusqu'à la rue de la Tableterie : la rue des Fourreurs, à droite ; partie de la rue des Déchargeurs, à droite, depuis la rue des Fourreurs jusqu'à la rue de la Ferronnerie : rue S. Honoré, (ou de la Chausseterie) à droite, depuis la rue de la Ferronnerie jusqu'à la rue de la Tonnellerie : rue de la Tonnellerie, à droite, jusqu'à la rue de la Fromagerie ; la Halle, sans y comprendre les petits Piliers, à gauche , en allant à la rue de la Chanvrerie : la rue de la Chanvrerie , à droite, en allant à la rue S. Denis.

Intérieur.

Les rues de la Fromagerie , de la Cordonnerie , de la Friperie , de la Poterie , des Prêcheurs , de la Cossonnerie , aux Fers , le Marché des Innocens ; les rues de la Ferronnerie , Courtalon , la Tableterie , Vieille-Harangerie , du Chevalier-du-Guet , la Place du Chevalier-du-Guet , la Place Sainte-Opportune , &c. ; & généralement toutes les rues, culs-de-sacs , places enclavées dans cette limite.

SECTION DES LOMBARDS.

Limites de cette Section.

La rue S. Martin , à droite , depuis la rue aux Ours , jusqu'à la rue S.-Jacques-la-Boucherie : la rue S.-Jacques-la-Boucherie , à droite, jusqu'à la rue S. Denis : la rue S. Denis , à droite, jusqu'à la rue aux Ours : la rue aux Ours , à droite de la rue S. Denis à la rue S. Martin.

Intérieur.

Les rues Salle-au-Comte , Quincampoix , de Venise , Aubri - Boucher , Trousse-Vache , Oignard , des Trois-Maures, des Cinq-Diamans , des Lombards , de la Vieille-Monnoie , de la Heaumerie , Mariveau , des Ecrivains , d'Avignon , &c. ; & généralement toutes les rues, culs-de-sacs , places , &c. enclavées dans cette limite.

SECTION DES ARCIS.

Limites de cette Section.

La rue de la Jouaillerie, à droite du pont au Change à la rue St.-Jacques-la-Boucherie : la rue St.-Jacques-la-Boucherie, à droite, jusqu'à la rue Planche-Mibray : la rue des Arcis, à droite, jusqu'à la rue de la Verrerie : la rue de la Verrerie, à droite, jusqu'à la rue du Coq : la rue du Coq, à droite, jusqu'à la rue de la Tixeranderie : la rue de la Tixeranderie, à droite, jusqu'à la rue du Mouton : la rue du Mouton & de suite la Place de Grève, à droite jusqu'à la rivière : le bord de la rivière, depuis la place de Grève jusqu'au pont-au Change.

Intérieur.

Le quai de Gêvres, quai Pelletier, les rues de la vieille Place-aux-Veaux, de la Tannerie, de la Vannerie, de la Coutellerie, Planche-Mibray, Jean-Pain-Mollet, Saint-Bon, de la Poterie, des Coquilles, &c. ; & généralement toutes les rues, places, culs-de-sacs, &c. enclavés dans cette limite.

SECTION DU FAUXBOURG MONTMARTRE.

Limites de cette Section

La rue Poissonnière & celle Ste. Anne, à gauche, depuis le boulevard jusqu'à la barrière : les murs de-

puis la barrière Sainte-Anne juſqu'à la barrière Montmartre : la rue des Martyrs & celle du Fauxbourg-Mont-
martre, à gauche, depuis la barrière juſqu'au boulevard : le boulevard, à gauche, de la porte Montmartre
à la rue Poiſſonnière.

Intérieur.

La rue de Rochechouart, de la Tour-d'Auvergne, de
Belle-Fonds, de Coquenard, de Montholon, d'Enfer,
le paſſage de la Grille, rue Bergère, &c. ; & généralement toutes les rues, culs-de-ſacs, places, &c enclavées dans cette limite.

SECTION DE LA RUE POISSONNIÈRE.

Limites de cette Section.

La rue Poiſſonnière & celle Sainte-Anne, à droite,
juſqu'à la barrière : les murs de la barrière Ste. Anne à la
barrière S. Denis : la rue du Fauxbourg-St.-Denis, à
droite, juſqu'à la porte S. Denis : le boulevard, à
droite, juſqu'à la rue Poiſſonnière.

Intérieur.

Les rues de Paradis, des Petites-Ecuries du Roi,
d'Enghien, de la Michodière, Martel, &c ; & généralement toutes les rues, culs-de-ſacs, places, &c. enclavées dans cette limite.

SECTION DE BONDY.

Limites de cette Section.

La rue du Fauxbourg-S.-Martin, à droite, depuis le boulevard jusqu'à la barrière S. Martin : les murs de la barrière S. Martin à celle du Temple : la rue du Fauxbourg-du-Temple, à droite, jusqu'au boulevard : le boulevard à droite de la rue du Fauxbourg-du-Temple, à la porte S. Martin.

Intérieur.

Les rues des Morts, S. Maur, des Moulins, S. Louis, rues de l'Hôpital-S.-Louis, des Récolets, de Carême-Prenant, S. Ange, Gaucourt, Granges-aux-Belles, des Vinaigriers, des Marais-S.-Martin, Gilbert, Janfon, S. Nicolas, de Lancry, de Bondy, &c.; & généralement toutes les rues, culs-de-sacs, places, &c. enclavées dans cette limite.

SECTION DU TEMPLE.

Limites de cette Section.

La rue du Fauxbourg-du-Temple, à gauche, depuis la barrière jusqu'au boulevard, & de fuire la rue du Temple, à gauche, jusqu'à la rue de la Corderie : les rues de la Corderie & de Bretagne, à gauche, jusqu'à rue des Filles-du-Calvaire : la rue des Filles-du-Calvaire, à gauche, jufqu'au boulevard, & de fuite la rue de Ménil-Montant & celle de la Roulette, à gauche, jufqu'à la barrière : les murs de la barrière de Ménil-Montant à celle de Belleville.

Intérieur.

Les rues du Chemin-S.-Denis, Blanche, des Fontaines-au-Roi, des Trois-Bornes, de la Folie-Mirecourt, du Grand-Prieuré-de-Malthe, des Foffés-du-Temple, de la Tour, d'Angoulême, de Cruffol : le boulevard des deux côtés, les rues de Vendôme, Beaujolois, Forez, Charlot, Saintonge, Normandie, de Boucherat, l'enclos du Temple, la maifon des Peres Nazareth, comme Chef-lieu, &c. ; & généralement toutes rues, culs-de-facs, places &c. enclavées dans cette limite.

SECTION DE POPINCOURT.

Limites de cette Section.

La rue de Ménil-Montant & celle de la Roulette, à droite, depuis le boulevard jufqu'à la barrière de Ménil-Montant : les murs depuis la barrière de Ménil-Montant, jufqu'à la barrière de Charonne : la rue de Charonne, à droite, depuis la barrière jufqu'à la rue de Lape : les rues de Lape, & d'Aval à droite, jufqu'au boulevard : le boulevard, á droite, jufqu'à la rue de Ménil-Montant.

Intérieur.

Les rues du Bas-Popincourt, de Popincourt, S. Sébaftien,

baftien , Amelot, S. Sabin, de la Contrefcarpe , de la
Roquette, de Basfroy , du Chemin - Vert, des Amandiers , de la Folie-Renaud , des Rats , des Murs-de-la-
Roquette , de la Muette , cul-de-fac de la Roquette , &c.;
& généralement toutes les rues , culs-de-facs , places , &c.
enclavées dans cette limite.

SECTION DE LA RUE DE MONTREUIL.

Limites de cette Section.

Les rues d'Aval , de Lape & de Charonne , à droite ,
depuis le boulevard jufqu'à la barrière de Charonne :
les murs jufqu'à la barrière du Trône : la rue du Fauxbourg-S.-Antoine , à droite , depuis la barrière du Trône
jufqu'au boulevard : le boulevard , à droite , depuis
la porte S. Antoine jufqu'à la rue d'Aval.

Intérieur.

La partie de la rue Amelot , depuis la rue d'Aval
jufqu'à la rue S. Antoine : les rues Sainte Marguerite,
S. Bernard , de Montreuil , des Boulets & du Trône,
Le cul-de-fac S. Bernard , &c. ; & généralement toutes
les rues , places , &c. enclavées dans cette limite.

SECTION DES QUINZE-VINGT.

Limites de cette Section.

La rue du Fauxbourg-S.-Antoine , à droite , depuis
la rue des Foffés-S.-Antoine jufqu'à la barrière du

Trône : les murs, depuis la barrière du Trône jusqu'à la barrière de la Rapée : le bord de la rivière, depuis la Rapée jusqu'à la rue des fossés-S.-Antoine : la rue des Fossés-S.-Antoine, borde cette limite de ce côté, & elle n'est point de cette Section.

Intérieur.

Les rues de Picque-puce, des Balets, de Montgalet, de Reuilly, de Charenton, la Grande-Pinte, de Bercy, de Rambouillet, de la Rapée, des Charbonniers, des Chantiers, des Angloises, Moreau, du Fumier, de la Planchette, S. Nicolas, Traversière, Trouvée, Cotte, le Noir, d'Aligre, le marché S. Martin, les rues de Beauvau, &c.; & généralement toutes les rues, culs-de-sacs, places, &c. enclavées dans cette limite.

SECTION DES GRAVILLIERS.

Limites de cette Section.

Le boulevard, à droite de la porte S.-Martin à la porte du Temple : la rue du-Temple, à droite du boulevard à la rue Chapon : les rues Chapon & du Cimetière S. Nicolas, à droite de la rue du Temple à la rue S. Martin : la rue S. Martin à droite, depuis la rue du Cimetière S. Nicolas jusqu'au boulevard.

Intérieur.

Les rues Meslée, Neuve-S.-Martin, N.-D. de Naza

reth , du-Vert-bois , Neuve-S-Laurent, de la Croix ,
des-Fontaines, Phelipeaux, des-Vertus , de Rome, Au-
maire , Jean-Robert, des Gravilliers , &c. ; & généralement toutes les rues , culs de facs , places, &c. enclavées dans cette limite.

SECTION DU FAUXBOURG S. DENIS.

Limites de cette Section.

La rue du Fauxbourg-S.-Denis , à droite , du boulevard à la barrière ; les murs de la barrière S.-Denis
à la barrière S. Martin : la rue du Fauxbourg S. Martin à droite , de la barrière au boulevard : le boulevard
à droite , de la porte S. Martin à la porte S.-Denis.

Intérieur.

La foire S.-Laurent , les rues S.-Laurent , S. Jean ,
Neuve-d'Orléans , &c. ; & généralement toutes les rues ,
culs-de-facs , places , &c. enclavées dans cette limite.

SECTION DE LA RUE BEAUBOURG.

Les rues du Cimetiere S.-Nicolas & Chapon à droite
de la rue S.-Martin à la rue S.-Avoye : les rues S. Avoye &
Bar-du-Bec à droite , de la rue Chapon à la rue de la
Verrerie : la rue de la Verrerie à droite , depuis la rue
Bar - du - Bec jufqu'à la rue S. Martin : la rue S.-
Martin à droite , depuis S.-Merri , jufqu'à la rue du
Cimetière-S.-Nicolas.

Intérieur.

Les rues de Montmorency, Grenier-S.-Lazare, Michel-le-Comte, du Mort, des Petits-Champs, des Ménétriers, des Etuves, Geoffroy-l'Angevin, Corroirerie, Maubuée, Simon-le-franc, Neuve S.-Merri, Taille-pain, Brisemiche, du Renard, du Poirier, Beaubourg, partie de celle Transnonain, jusqu'à la rue Chapon, & généralement toutes les rues, culs de-sacs, places, &c. enclavées dans cette limite.

SECTION DES ENFANS - ROUGES.

Limites de cette Section.

Les rues Sainte-Avoye & du Temple à droite, depuis la rue Sainte-Croix-de-la-Bretonnerie, jusqu'à la rue de la Corderie : les rues de la Corderie & de Bretagne à droite, jusqu'à la vieille rue du Temple : la vieille rue du Temple à droite, de la rue de Bretagne à la rue Sainte-Croix-de-la-Bretonnerie : la rue Sainte-Croix-de-la-Bretonnerie à droite, jusqu'à la rue Sainte-Avoye.

Intérieur.

Les rues du Plâtre, des Blancs-manteaux, de l'Homme armé, du Puits, des Singes, du Chaume, de Paradis, de Soubise, de Brac, des Vieilles-Audriettes, des Quatre Fils, du Perche, d'Orléans, des Oiseaux, du Grand Chantier, Pastourelle, d'Anjou, de Poitou, de Limoges, de la Marche, de Berri, de Beauce, Porte-foin, &c. ;

& généralement toutes les rues, culs-de-facs, places, &c.
enclavées dans cette limite.

SECTION DU ROI DE SICILE.

Limites de cette Section.

La rue du Coq à droite, depuis la rue de la Tixeranderie jufqu'à la rue de la Verrerie : la rue de la Verrerie à droite, depuis la rue du Coq jufqu'à la rue
Bar-du-Bec : la rue Bar-du-Bec à droite, jufqu'à la rue
Sainte-Croix-de-la-Bretonnerie : la rue Sainte-Croix-de-
la-Bretonnerie, jufqu'à la vieille rue du Temple : la
vieille rue du Temple à droite, depuis la rue Sainte-
Croix-de la-Bretonnerie, jufqu'à la rue des Francs-Bourgeois : la rue des Francs-Bourgeois & la rue Neuve-
Sainte-Catherine à droite, jufqu'à la rue Culture-Sainte-
Catherine : la rue Culture-Sainte-Catherine à droite, depuis la rue Neuve-Sainte-Catherine, jufqu'à la rue Saint-
Antoine : la rue S. Antoine à droite, depuis la rue Culture-Sainte-Catherine jufqu'à la rue de la Tixeranderie :
la rue de la Tixeranderie à droite, jufqu'à la rue du
Coq.

Intérieur.

Les rues des Deux-Portes, des Mauvais-garçons, le
Cimetière-S.-Jean, les rues de Berry, Cloche-Perche,
Tirou, de la Verrerie des deux côtés, depuis la rue
du Coq au Cimetière-S.-Jean ; les rues du Roi de Sicile,
Pavée, des Rofiers, des Juifs, des Ecoufes, Bourti-
bourg, de Mouffi, des Billettes, &c. ; & généralement

tontes les rues , culs-de-facs , places , &c. enclavées dans cette limite.

SECTION DE L'HOTEL - DE - VILLE.

Limites de cette Section.

La rue des Nonaindières à gauche, du pont Marie à la rue S.-Antoine : la rue S.-Antoine à gauche, jufqu'à la rue de la Tixeranderie : la rue de la Tixeranderie à gauche jufqu'à la rue du Mouton : la rue du Mouton à gauche, & la Place de Grève à gauche jufqu'à la rivière : le bord de la rivière depuis la Grève jufqu'au Pont-Marie.

Intérieur.

Les rues de Joui , de la Mortellerie, quai des Ormes , le Port-au-bled , les rues de Martroi , de la Levrette , de Long-Pont , des Barres , Grenier fur l'eau , Geoffroi-l'Afnier , du Pourtour , du Monceau , du Petau-Diable , l'Hôtel-de-Ville , &c. ; & généralement toutes les rues , culs-de-facs , places· &c. , enclavées dans cette limite.

SECTION DE LA PLACE - ROYALE.

Limites de cette Section.

La rue du Temple & celle des Filles-du-Calvaire , à droite , à prendre de la rue des Francs-Bourgeois jufqu'au boulevard : le boulevard à droite , depuis la

rue des Filles-du-Calvaire , j'ufqu'à la porte S. Antoine :
la rue S. Antoine à droite , depuis la porte S. Antoine
jufqu'à la rue Culture-Sainte-Catherine : la rue Culture-
Sainte-Catherine à droite , jufqu'à la rue Neuve-Sainte-
Catherine : la rue Neuve-Sainte-Catherine & des Francs-
Bourgeois à droite , à prendre de la rue Culture-Sainte-
Catherine jufqu'à la rue du Temple.

Intérieur.

Les rues de l'Ofeille, du Pont-aux-Choux, S.-Louis,
de l'Egout , Royale , Place Royale ; les rues Guémenée ,
des Tournelles , Jean-Beau-Sire , de la Mule , du Foin ,
des Minimes , Neuve-S. Gilles , S. Gilles, des Douze-
Portes , du Harlay , S. Claude , S. François , du Roi-
doré , S. Gervais , S. Anaftafe , Culture-S. Gervais , de
la Perle , Barbette , du Parc-Royal , Payenne , des Trois-
Pavillons , de Torigni , &c. ; & généralement toutes les
rues , culs-de-facs , places enclavées dans cette limite.

ECTION DE L'ARSENAL.

Limites de cette Section.

La rue des Foffés-S.-Antoine entière , depuis la rivière
jufqu'à la rue du Fauxbourg S. Antoine : la Place de la
Baftille , à gauche , jufqu'à la rue S. Antoine ; la rue
S. Antoine , à gauche , jufqu'à la rue des Nonaindières :
la rue des Nonaindières , à gauche , jufqu'au Pont-Marie :
le quai S.-Paul , le port S.-Paul , le quai de l'Arfénal ,
le long de la rivière , jufqu'à la rue des Foffés S. Antoine.

Intérieur.

Les rues des Prêtres, Percée, S.-Paul, des Barres, du Figuier, du Fauconnier, de l'Etoile, des Jardins, des Lions, Neuve-S.-Paul, des Trois-Piftolets, Gérard-Boquet, Beautreillis, du Petit-Mufc, de la Cerifaye, le quai des Céleftins, les cours de l'Arfenal, les maifons qui fe trouvent fituées dans l'ifle Louviers, &c.; & généralement toutes les rues, culs de-facs, places, &c. enclavées dans cette limite.

SECTION DE L'ISLE.

Limites de cette Section.

La limite de cette Section eft fituée dans fon ifle, & comprend toutes les rues, quais, &c. qui s'y trouvent.

SECTION DE NOTRE-DAME.

Limites de cette Section.

La rue de la Barillerie à droite, du Pont Saint-Michel au Pont-au-Change : elle eft enfuite bornée au nord, à l'eft & au fud, par la rivière.

Intérieur.

Le Marché-neuf, les rues de la Calandre, S. Eloi, aux Fèves, de la Draperie, de la Pelleterie, du Marché-Palu, de la Juiverie, de la Lanterne, du Haut-Moulin, des Marmouzets, de la Licorne, S. Chriſtophe, Notre-Dame, des Urſins, S. Landry, d'Enfer, le cloître Notre-Dame, &c.; & généralement toutes les rues, culs-de-ſacs, places, &c. enclavées dans cette limite.

SECTION D'HENRI IV.

Limites de cette Section.

Le Pont Saint-Michel, à droite, depuis la rue de la Bouclerie à prendre au Cagnard. *Idem.* à gauche, les maiſons qui ſont ſur le Pont ſeulement : la rue de la Barillerie à gauche, du Pont Saint-Michel au Pont-au-Change; bornée au nord, à l'oueſt & au Sud, par la rivière.

Intérieur.

Le quai de l'Horloge, la Place Dauphine, la rue du Harlay, le quai des Orfèvres, la rue S. Louis, la rue Sainte-Anne, les cours du Palais, le Palais, & généralement toutes les rues, places, culs-de-ſacs, &c. qui ſe trouvent enclavés dans cette limite.

SECTION DES INVALIDES.

Limites de cette Section.

Le bord de la rivière depuis la barrière juſqu'au pont de Louis XVI : la rue de Bourgogne, à droite, depuis le Pont de Louis XVI juſqu'à la rue de Varenne : le bout de la rue de Varenne, à droite, depuis la rue de Bour-

gogne jufqu'au boulevard : le boulevard , à droite, depuis
la rue de Varenne jufqu'à la rue de Sève : le côté de la rue
de Sève , à droite, depuis le boulevard jufqu'à la barrière:
les murs depuis la barrière de Sève jufqu'à la rivière.

Intérieur.

Le Gros Caillou , le Château de Grenelle, l'Ecole-
Militaire , les Invalides, l'extrémité des rues de Grenelle,
de l'Univerfité & de S. Dominique, &c., ainfi que toutes
les rues , places , &c. enclavées dans cette limite.

SECTION DE LA FONTAINE - GRENELLE.

Limites de cette Section.

Le bord de la rivière, du Pont de Louis XVI à la rue
des Saints-Pères: la rue des Saints-Pères, à droite, jufqu'à la rue de Grenelle : la rue de Grenelle, à droite,
depuis la rue des Saints-Pères jufqu'à la rue de Bourgogne : la rue de Bourgogne, à droite, jufqu'à la rivière.

Intérieur.

Les rues de Bourbon, de l'Univerfité, de S. Dominique, à prendre de la rue de Bourgogne à la rue des
Saints-Pères : la rue du Bacq, depuis la rue de Grenelle
jufquau Pont-Royal : les rues de Belle-Chaffe, de Poitiers,
de Verneuil, de Beaune, Sainte-Marie, S. Guillaume, des
Rofiers, &c. ; & généralement toutes les rues, places,
culs-de-facs, &c. enclavés dans cette limite.

SECTION DES QUATRE-NATIONS.

Limites de cette Section.

La rue des Saints-Pères, à droite, jusqu'au quai des Théatins : les quais des Théatins, des Quatre-Nations & de Conti, depuis la rue des Saints-Pères jusqu'au Pont-Neuf : les rues Dauphine & des Fossés-Saint-Germain, à droite du Pont-Neuf, à la rue des Boucheries : la rue des Boucheries à droite : la rue du Four à droite : la Croix-Rouge, à droite, jusqu'à la rue des Saints-Pères.

Intérieur.

Les rues des Petits-Augustins, de Seine, Mazarine, des Marais, Guénégaud, de Nevers, de Buffy, des Mauvais-Garçons, Jacob, du Colombier, des Deux-Anges, S. Benoît, Bourbon-le-Château, de l'Echaudé, Sainte-Marguerite, des Ciseaux, de l'Egout, Taranne, du Sabot, du Dragon, du Sépulcre, petite rue Taranne, l'enclos de la Foire S. Germain, &c. ; & généralement toutes les rues, culs-de-sacs, places, &c. enclavées dans cette limite.

SECTION DU THÉATRE FRANÇOIS.

Limites de cette Section.

Les rues de Condé, des Fossés-Saint-Germain & Dauphine, à droite, depuis la rue de Vaugirard jusqu'au Pont-Neuf : le quai des Augustins, du Pont-Neuf, à la

rue du Hurepoix : la rue du Hurepoix des deux cotés : la
Place du Pont St.-Michel à droite, la rue de la Bouclerie
& la rue de la Harpe, à droite, jusqu'à la Place S. Michel :
le côté de la Place S. Michel, à droite, en retour sur la rue
des Francs-Bourgeois, aussi à droite : la rue de Vaugirard, à droite, jusqu'à la rue de Condé.

Intérieur.

Les rues des Augustins, Christine, Savoie, Pavée,
Git-le Cœur, de l'Hirondelle, S. André-des-Arcs, Cour
du Commerce, rues de l'Eperon, du Paon, du Jardinet,
Mignon, des Poitevins, du Cimetière-St.-André, Haute-
Feuille, des Cordeliers, Mâcon, Percée, Poupée, Ser-
pente, des Deux-Portes, Pierre-Sarrasin, de Touraine,
de l'Observance, des Fossés-Monsieur-le-Prince, des
Francs-Bourgeois, de Condé, du Théâtre-François ; le
Théâtre François & les rues qui y aboutissent, &c. ; &
généralement toutes les rues, culs-de-sacs, places, &c.
enclavées dans cette limite.

SECTION DE LA CROIX-ROUGE.

Limites de cette Section.

La rue de Vaugirard, à gauche, depuis la barrière jusqu'à la rue du Regard : la rue du Regard, à gauche,
jusqu'à la rue du Cherche-Midi : la rue du Cherche-Midi,
à gauche, jusqu'à la Croix-Rouge : la Croix-Rouge, à
gauche, jusqu'à la rue de Grenelle : la rue de Grenelle,
à gauche, jusqu'à la rue de Bourgogne : la rue de Bour-

gogne, à gauche, jufqu'à la rue de Varenne : la rue de Varenne, à gauche, depuis la rue de Bourgogne jufqu'au boulevard : le boulevard, à gauche, depuis la rue de Varenne jufqu'à la rue de Sève : la rue de Sève, à gauche, depuis le boulevard jufqu'à la barrière : les murs depuis la barrière de Sève jufqu'à celle de Vaugirard.

Intérieur.

Les rues de Varenne, de la Planche, de la Chaife ; partie de celle du Bacq, de la rue de Grenelle à la rue de Sève ; les rues Hillerin-Bertin, de Babylone, Plumet, de Monfieur, Rouffelet, Traverfe, des Brodeurs, de Sève, Barouillère, S. Romain, S. Maur, Sainte-Placide, du Petit-Bacq, des Vieilles-Tuileries, du Petit-Vaugirard, de Bagneux, de Ravel, &c. ; & généralement toutes les rues, culs-de-facs, places, &c. enclaveés dans cette limite.

SECTION DU LUXEMBOURG.

Limites de cette Section.

La rue de Vaugirard, à gauche, depuis la rue des Francs-Bourgeois jufqu'à la rue de Condé : la rue de Condé, à gauche, jufqu'à la rue des Boucheries : la rue des Boucheries, à gauche ; la rue du Four, à gauche, jufqu'à la Croix-Rouge ; partie de la place de la Croix-Rouge, à gauche, jufqu'à la rue du Cherche-Midi : la rue du Cherche-Midi, à gauche, jufqu'à la rue du Regard : la rue du Regard, à gauche : la rue de Vaugirard, à gauche, depuis la rue du Regard jufqu'à la barrière : les nouveaux murs , depuis la barrière de Vaugirard jufque derrière l'Inftitut de l'Oratoire , de là allant aboutir au mur des Chartreux : le mur des Chartreux , jufqu'à celui du Luxembourg : l'intérieur du Luxembourg.

Intérieur.

Les rues du Cœur-Volant, des Quatre Vents , la Foire St.-Germain ; les rues Princeffe , Guifarde , des Cannettes , de Tournon, Garencière , du Petit-Bourbon, des Aveugles , Palatine , du Canivet, des Foffoyeurs, Ferou , du Vieux-Colombier , Pot-de-Fer, Caffette, Carpentier , Mezière , Honoré-Chevalier , de Vaugirard , des deux côtés , depuis la rue de Condé jufqu'à la rue du Regard ; Notre-Dame-des-Champs, du Mont-Parnaffe , le cul-de-fac Notre-Dame-des-Champs; & généralement toutes les rues , culs-de-facs , places , &c. , enclavées dans cette limite.

SECTION DES THERMES DE JULIEN.

Limites de cette Section.

La rue de la Bouclerie , à gauche : rue de la Harpe , à gauche , jufqu'à la Place S Michel ; partie de la rue des Francs Bourgeois , à droite : du coin de la rue de Vaugirard à la Place S. Michel , la Place S. Michel , à droite : la rue d'Enfer , des deux côtés , jufqu'à la rue S. Dominique : la rue S. Dominique , à gauche , jufqu'à la rue S. Jacques : la rue S. Jacques , à gauche : de la rue S. Dominique au Petit-Pont : la rue de la Hu-

chette , des deux côtés , jusqu'à la rue de la Bouclerie.

Interieur.

Les rues Zacharie , S. Severin , des Prêtres , de la
Parcheminerie , Boutebrie , du Foin , des Mathurins , des
Maçons , de Sorbonne , le Cloître-St.-Benoît , rue de
Richelieu , Place Sorbonne , les rues des Poirées , des
Cordiers , de Cluny , passage des Jacobins , rue Hya-
cinthe , S. Thomas , &c. ; & généralement toutes les
rues , culs de-sacs , places enclavées dans cette limite.

SECTION DE SAINTE-GENEVIEVE.

Limites de cette Section.

La rue du Petit-Pont à gauche : du Petit-Pont à la
rue Galande : la rue S. Jacques , à gauche , jusqu'à la
rue des Fossés St.-Jacques : la rue des Fossés S. Jacques
à gauche : l'Estrapade , à gauche : rue Contrescarpe ,
à gauche : la rue Bordet , à gauche , depuis la rue Contrescarpe jusqu'à la rue Clopin : la rue Clopin , à gauche ,
jusqu'à la rue d'Arras : la rue d'Arras , à gauche , jusqu'à la rue Traversine : la rue Traversine , à gauche ,
jusqu'à la rue St. Nicolas : la rue St. Nicolas , à gauche ,
jusqu'à la rue St. Victor : la rue S. Victor , des deux
côtés , depuis la rue Saint - Nicolas jusqu'à la rue de
Bièvre : la rue de Bièvre , des deux côtés , jusqu'à la
rue des Grands Degrés : la rue des Grands Degrés , des
deux côtés , prenant du côté droit à la pompe , & de

l'autre côté à la rue des Bernardins ; jufqu'à la rue de la Bûcherie : la rue de la Bûcherie, des deux côtés, jufqu'au Petit-Pont.

Intérieur.

Les rues St.-Julien-le-Pauvre, du Fouare, des Rats, Jacinthe, d'Amboife, Perdue, Galande, la Place Maubert, les rues du Plâtre, des Anglois, des Lavandières, des Noyers, St.-Jean-de-Beauvais, des Carmes, de la Montagne-Ste.-Geneviève, Judas, Mont-St.-Hilaire, Charretière, des Sept-Voies, des Amandiers, des Chiens, de Rheims, Fromentel, St.-Etienne-des-Grès, la Place Ste.-Geneviève, rue de Fourcy, &c. ; & généralement toutes les rues, culs-de-facs, places, &c. enclavées dans cette limite.

SECTION DE L'OBSERVATOIRE.

La rue d'Enfer des deux côtés, depuis la rue S. Dominique, à la barrière : l'enclos des Chartreux : les murs : depuis les derrières de l'Inftitut de l'Oratoire jufqu'à la barrière de la rue de l'Ourfine : la rue de l'Ourfine, à gauche, depuis la barrière jufqu'à la rue Mouffetard : la rue Mouffetard, à gauche, jufqu'à la rue Contrefcarpe : la rue Contrefcarpe, à gauche : la rue de la Vieille-Eftrapade, à gauche : l'Eftrapade, à gauche : la rue des Foffés-S. Jacques, à gauche : la rue du Fauxbourg-S.-Jacques, à gauche, jufqu'à la rue S. Dominique : la rue S. Dominique, à gauche, jufqu'à la rue d'Enfer.

Intérieur.

Les rues du Fauxbourg-S.-Jacques, de la Bourbe, Maillet, Longue-Avoine, de Biron, de la Santé, des Bourguignons, des Charbonniers, des Lyonnois, de l'Arbalêtre, Neuve Sainte-Génevièvc, des Poftes, du Cheval-Vert, des Poules, du Puits-qui-parle, de la rue Pot-de-Fer, l'Obfervatoire, &c.; & généralement toutes les ruès, culs-de-facs, places, &c. enclavées dans cette limite.

SECTION DU JARDIN DES PLANTES.

Limites de cette Section.

Le bord de la rivière, depuis le boulevard de l'Hôpital jufqu'à la pompe du quai de la Tournelle : la rue des Bernardins des deux côtés : la rue S. Nicolas, à gauche : la rue Traverfine, à gauche, jufqu'à la rue d'Arras : la rue d'Arras, à gauche, jufqu'à la rue Clopin : la rue Clopin, à gauche, jufqu'à la rue Bordet : la rue Bordet & Mouffetard, jufqu'à la rue de l'Epée-de-Bois : la rue de l'Epée-de-Bois, à gauche : la rue du Noir, à gauche, jufqu'à la rue Françoife : les rues Françoife & du Puits-de-l'Hermite, à gauche, jufqu'à la rue du Batoir : la rue du Batoir, à gauche, jufqu'à la rue d'Orléans : la rue d'Orléans, à gauche, jufqu'à la rue du Jardin-du-Roi : la rue du Jardin-du-Roi, à gauche, depuis la rue d'Orléans, jufqu'à la rue de Buffon : la rue de Buffon, à gauche, jufqu'au boulevard : le bout du boulevard, à gauche, jufqu'à la rivière.

Intérieur.

Les quais de la Tournelle, de S.-Bernard : le Jardin du Roi, les rues de Seine, du Jardin-du-Roi, du Battoir, Copeaux, partie de celle de la Clef, Tripelet, Gracieufe, Neuve-S. Médard, Neuve-S. Etienne, de la Doctrine Chrétienne, des Foſſés-S. Victor, des Boulangers, du Fauxbourg S.-Victor, S. Victor, du Mûrier, du Paon, du Bon-puits, de Verſailles, des Foſſés-S. Bernard, le cloître des Bernardins, la Place aux Veaux, &c. ; & généralement toutes les rues, culs-de-ſacs places, &c. enclavées dans cette limite.

SECTION DES GOBELINS.

Limites de cette Section.

Le bord de la rivière, depuis la barrière de l'Hôpital juſqu'au boulevard : le bout du boulevard, à gauche, juſqu'à la rue de Buffon : la rue de Buffon, à gauche, juſqu'à la rue du Jardin-du-Roi : la rue du Jardin-du-Roi, à gauche, juſqu'à la rue d'Orléans : la rue d'Orléans, à gauche, juſqu'à la rue du Battoir : la rue du Battoir, à gauche, juſqu'à la rue du Puits-de-l'Hermite : les rues du Puits-de-l'Hermite & Françoiſe, à gauche, juſqu'à la rue du Noir : la rue du Noir, à gauche, juſqu'à la rue de l'Epée-de-bois : la rue de l'Epée-de-bois, à gauche, juſqu'à la rue Mouffetard : la rue Mouffetard, à gauche, juſqu'à la rue de l'Ourſine : la rue de l'Ourſine, à gauche, juſqu'à la barrière : les murs depuis la barrière de l'Ourſine juſqu'à la barrière de l'Hôpital.

Intérieur.

Les rues de la Fontaine : partie de celle de la Clef, du Noir, Neuve-d'Orléans, de l'Orangerie, du Gril, Censier, du Pont-aux-Biches, du Fer-à-moulin, de la Muette, Poliveau, du Marché, du Gros-Caillou, des Fossés-S.-Marcel, Voie-creuse, du Banquier, Reine-Blanche, des Francs-Bourgeois, des Hauts-Fossés-S. Marcel, Fer-à-moulin, de Scipion, Mouffetard, des Trois-Couronnes, S.-Hippolythe, des Gobelins, Croulebarbe, du Champ-de-l'Alouette, des Anglois, de la Barrière, les Gobelins, le Marché aux chevaux, l'Hôpital, &c. ; & généralement toutes les rues, culs-de-sacs, places, &c. enclavées dans cette limite.

Fait au Comité de Constitution, *le* 21 *Juin* 1790. Signé DU PONT, J. X. BUREAUX, GOSSIN, AUBRY DU BOCHET, PINTEVILLE.

Vu par le Roi les susdits Décret & Procès-verbal, Sa Majesté a ordonné & ordonne qu'ils seront exécutés suivant leur forme & teneur. Fait à Paris le vingt-septième jour de Juin 1790. *Signé* LOUIS. *Et plus bas*, par le Roi, GUIGNARD.

Nota. S'il se trouve quelques difficultés à éclarcir, on pourra consulter le Plan.

A V I S.

Le Plan Topographique de Paris, divisé en 48 Sections, se trouve chez M. DEZAUCHE, Géographe du Roi, rue des Noyers.

A PARIS DE L'IMPRIMERIE NATIONALE.